Trendiges Wohnen
zwischen
Vintage Style
und
Shabby Chic

Trendiges Wohnen zwischen Vintage Style und Shabby Chic

Mark & Sally Bailey

Mit Fotos von Debi Treloar

Deutsche Verlags-Anstalt

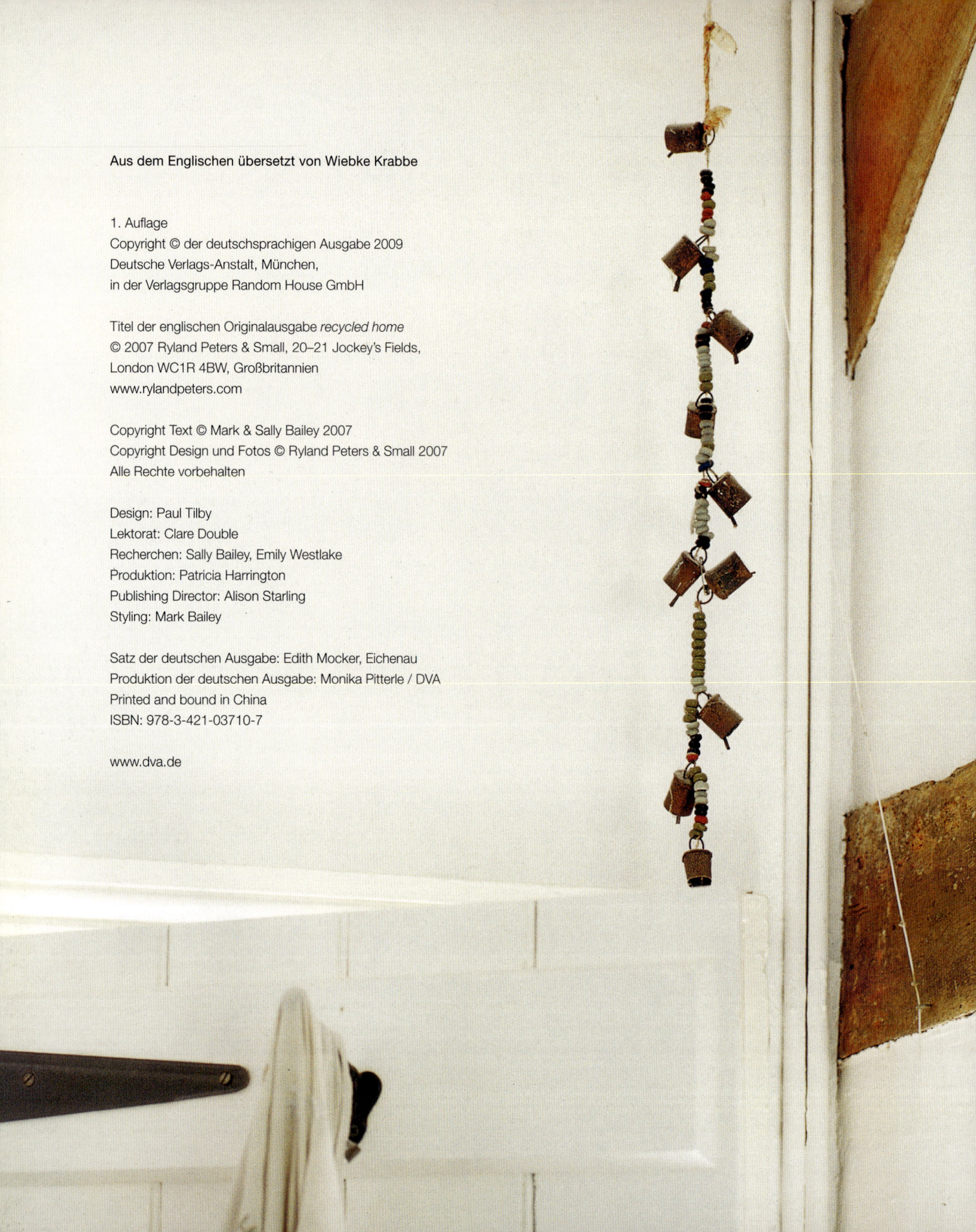

Aus dem Englischen übersetzt von Wiebke Krabbe

1. Auflage
Copyright © der deutschsprachigen Ausgabe 2009
Deutsche Verlags-Anstalt, München,
in der Verlagsgruppe Random House GmbH

Titel der englischen Originalausgabe *recycled home*
© 2007 Ryland Peters & Small, 20–21 Jockey's Fields,
London WC1R 4BW, Großbritannien
www.rylandpeters.com

Copyright Text © Mark & Sally Bailey 2007
Copyright Design und Fotos © Ryland Peters & Small 2007
Alle Rechte vorbehalten

Design: Paul Tilby
Lektorat: Clare Double
Recherchen: Sally Bailey, Emily Westlake
Produktion: Patricia Harrington
Publishing Director: Alison Starling
Styling: Mark Bailey

Satz der deutschen Ausgabe: Edith Mocker, Eichenau
Produktion der deutschen Ausgabe: Monika Pitterle / DVA
Printed and bound in China
ISBN: 978-3-421-03710-7

www.dva.de

Inhalt

Baileys: Unsere Philosophie	6	Räume	86
		Küche	88
Elemente	12	Wohnzimmer	106
Farben und Texturen	14	Bad	118
Stauraum	32	Schlafzimmer	130
Wände und Fußböden	44	Kinderzimmer	142
Beleuchtung	56	Arbeitszimmer	148
Dekoration	66		
Textilien	76	Händlerverzeichnis/ Flohmärkte	154
		Bildnachweis	156
		Adressen der Designer	157
		Register	158
		Dank	160

Aufheben, reparieren, wiederverwenden und zweckentfremden – das sind die Grundsätze unseres Recycling-Konzepts (allerdings trennen wir auch den Müll und bringen die Marmeladengläser zum Container). Von alten Obstkisten bis zu landwirtschaftlichen Gebäuden – wir sind ständig auf der Suche nach Dingen, die niemand mehr haben will, um ihnen ein neues Leben zu schenken. Während unserer Arbeit an diesem Buch haben wir entdeckt, dass es noch mehr Menschen gibt – quasi eine Recycling-Szene –, die still und leise ungeliebte Dinge aufpeppen oder aus Altmaterialien ungewöhnliche Möbel bauen. Diese Recycling-Idee lässt sich in jeder Wohnung verwirklichen.

Vor einiger Zeit sind wir mit Wohnung und Geschäft in einen Komplex miteinander verbundener Landwirtschaftsgebäude in der Grafschaft Herefordshire gezogen. Als wir die Whitecross-Farm zum ersten Mal besichtigten, war sie ziemlich heruntergekommen. Weil aber das Potenzial der Bausubstanz unverkennbar war, ahnten wir, dass sich daraus etwas Großartiges machen ließ. Wir wollten verhindern, dass konventionelle Bauunternehmer darin Wohnungen »im Landhaus-Stil« ausbauten und entschieden uns für eine feinfühligere Restaurierung. Wir wollten den Charakter der Gebäude bewahren, weil wir meinen, dass die Geschichte eines Hauses Bedeutung hat und respektiert werden muss. Aus diesem Grund veränderten wir die Grundstruktur des alten

Baileys: Unsere Philosophie

Anwesens nicht und setzten beispielsweise nur da Türen und Fenster ein, wo sie auch schon früher waren. Wir gingen auf die Suche nach umweltfreundlichen Materialien, die manchmal altmodisch sind und traditionelle Verarbeitungsmethoden erfordern. Kalkputz mit einem Zusatz von Yak-Haaren (die die Stabilität verbessern) ist modernem Verputz überlegen, weil er das Mauerwerk atmen lässt. Als Isolierung haben wir hauptsächlich Schafwolle verwendet, und das Dach wurde mit etwa 10 000 recycelten Schieferschindeln gedeckt. Weil wir der Meinung sind, dass zum Recycling-Look auch Kontraste gehören, haben wir einige Hightech-Materialien verwendet. Superdünne Metallfolie beispielsweise machte es möglich, das Dach zu isolieren, ohne den Dachstuhl komplett zu verpacken.

In der alten Scheune, der Dreschdiele, dem Heuboden, dem Kuhstall und den Pferdeställen der Farm verkaufen wir unsere Produkte, die stets eine Mischung aus Altem und Neuem sind. Aber trotz ihrer unterschiedlichen Art und Herkunft haben alle Produkte einen gemeinsamen Nenner hinsichtlich der Schlichtheit und unserer Philosophie des Bewahrens, Reparierens und Wiederverwertens. Als ausgebildeter Möbeltischler hat Mark einen sicheren Blick für das Potenzial von Objekten, die er auf seinen Fahrten zu Fabrik-Ausverkäufen oder Antiquitätenmärkten in Großbritannien und auf dem europäischen Kontinent entdeckt. So können alte Spulen aus Textilfabriken beispielsweise zu Eieruhren, Leuchtenfüßen oder Schnurhaltern werden. Manches stammt aus kleinen Familienbetrieben, die seit Generationen das gleiche Produkt herstellen, etwa Burleigh-Keramik, die noch heute in Stoke-on-Trent gebrannt wird, oder liebevoll gebaute, traditionelle Kinderspielzeuge aus unbehandeltem Holz. Auch das

Hofcafé der Whitecross-Farm folgt unserer Philosophie und bietet neben selbst gebackenem Kuchen und Kaffee auch einfache Mahlzeiten aus einheimischen, weitgehend biologischen Produkten an. Die Tische im Café haben ganz unterschiedliche Unterkonstruktionen und Platten, die Stühle sind vor allem durch den Kontrast zwischen modern-industriellen Beinen und neuen Holzsitzen originell.

Zwanzig Jahre kreativen Recyclings und die kürzlich abgeschlossene Restaurierung der Whitecross-Farm haben uns reichlich Möglichkeit gegeben, unser Designkonzept zu entwickeln und auf den Punkt zu bringen: Arbeite mit dem Gegebenen und bleibe der Struktur und den Baumaterialien deines Hauses treu. Vielleicht könnte man diese Herangehensweise auch als »Ent-Dekoration« bezeichnen. Dieser Begriff verdeutlicht genau, was wir tun. Um etwas zu verbessern, muss man nicht unbedingt etwas hinzufügen. Manchmal ist es sinnvoller, einfach etwas zu entfernen. Indem man Schichten von Farbe und Tapete abträgt, entdeckt man die Geschichte seines Hauses und kann erahnen, was das Haus im Laufe vieler Jahre erlebt hat. Es ist besser, sich bei der Gestaltung der Räume vom Haus leiten zu lassen, statt ihm mit Pinsel und Farbeimer den eigenen Willen aufzuzwingen. Wer lernt, seinem Haus zuzuhören und behutsam auf diese spannende Entdeckungsreise geht, wird bald feststellen, dass gerade das Unvollkommene ein großes kreatives Potenzial bietet. Und damit beginnt die »Ent-Dekoration«. Es ist ehrlich und authentisch, Strukturen und Grundmaterialien des Hauses treu zu bleiben. Perfektion und makellos gestrichene Wände können schnell langweilig wirken, weil nichts da ist, das dem Auge Anlass zum Innehalten gibt. Die Bedeutung von Texturkontrasten in der Raumgestaltung sollte man nicht unterschätzen, weil gerade sie oft Sehenswertes hervorheben. Abgebeiztes Holz, rissige oder abblätternde Farbe sowie zart eingetönter Verputz vertragen sich gut mit ein oder zwei notwendigen, neuen Elementen. So sieht ein alter Tisch mit einer neuen Edelstahlplatte nicht nur ungewöhnlich und originell aus, sondern ist auch sehr praktisch. Auch unterschiedliche Stühle harmonieren miteinander. Immerhin ist es doch der individuelle Charakter jedes einzelnen, weshalb man ihn einmal ausgesucht hat.

Welche Dinge man für die Wohnungseinrichtung wählt, hängt auch davon ab, ob man Überraschungen mag und quer denken kann. Lösen Sie sich einfach von Vorgaben über die Verwendung bestimmter Objekte – und Sie werden beträchtlichen kreativen Spielraum gewinnen. Wenn Ihnen auf dem Flohmarkt oder im Antiquitätengeschäft etwas gefällt, greifen Sie zu und suchen Sie einfach einen neuen Verwendungszweck. Ein Stapel Obstkisten kann zur Aufbewahrung von Büchern oder CDs dienen, ein alter Kleiderschrank kann in der Küche neben einem glänzenden Edelstahl-Kühlschrank stehen und als Vorratskammer dienen. Viele übrig gebliebene Dinge lassen sich reparieren und neu nutzen. Wenn Sie einen Tisch mit einem beschädigten Bein in einer verstaubten Ecke finden, wischen Sie ihn sauber und laden Sie ihn zu sich nach Hause ein. Spendieren Sie ihm ein neues Bein – es muss nicht einmal zu den anderen passen. Ist es zu kurz, schrauben Sie einfach eine Rolle darunter. Wer sich vom Regiment der Perfektion befreit, gewinnt neuen Spielraum und kann seine persönlichen Dinge und Möbel auf kreative und originelle Weise individualisieren.

Zweckentfremdete Möbel sorgen für Überraschungen und steuern die Kontraste bei, die Räumen erst Charakter und Charme geben. Natürlich macht das Umgestalten und Umwidmen auch einfach Spaß. Brechen Sie Regeln, holen Sie Gartenmöbel in die warme Stube oder schaffen Sie durch alte Industrie-Utensilien eine originell-funktionale Atmosphäre. Werkstatt-Rollwagen sind auch als mobile Stauraummöbel praktisch, ob für kuschelige Badetücher oder den Vorrat an Bio-Gemüse. Spielen Sie mit Beleuchtungstypen: Scherengelenk-Leuchten und glitzernde Kronleuchter machen – solo oder gemeinsam – in jedem Raum etwas her, wenn man ihnen nur die Chance gibt. Selbst für zerbrochene Fußleisten oder Zierprofile lässt sich noch ein neuer Zweck finden, vielleicht zusammen mit Resten von Bodendielen als Spiegel- oder Bilderrahmen, vielleicht aber auch als simpler Hocker, der einen Nachttisch ersetzen kann. Die Liste der Ideen ließe sich endlos weiterführen …

Gewöhnen Sie sich an, jedes Objekt aufzubewahren, in dem noch ein Funke Leben zu erahnen ist, und schenken Sie ihm eine neue Lebensberechtigung. Betrachten Sie Ihr Haus einfach als faszinierendes Experiment.

Elemente

Farben und Texturen

Die Gestaltung einer Recycling-Wohnung oder eines -Hauses lässt sich nicht planen, indem man über Farbkarten brütet und ausgefeilte Kombinationen ausarbeitet. Lassen Sie sich stattdessen auf die Gegebenheiten ein und gehen Sie mit Neugier und Spannung daran, Texturen freizulegen, die jahrelang verborgen waren. Tragen Sie Schichten von Farbe, Verputz und hässlicher Tapete ab – Sie werden sich manchmal dabei wie ein Wohnarchäologe fühlen!

Diese Seite Stücke von Bodendielen aus verschiedenen Hölzern wurden aus der Restekiste eines Holzhändlers davor bewahrt, verfeuert zu werden. Weil die Stücke sich in den Abmessungen geringfügig unterscheiden, wirken sie wie locker aufeinander gestapelt. Die einheitliche Stärke der Dielen vermittelt Ruhe und bildet dadurch ein Gegengewicht zu der rauen Textur der Brennkammerwand.

Gegenüber Die schlichte Kaminumrahmung besteht aus Resten von Eichenbalken, die beim Bau eines Fachwerkhauses anfielen. Ihre geometrisch-kantige Form bildet einen originellen Kontrast zu dem derben, alten Kamin. Die verschiedenen Farbnuancen des Holzes stellen eine Verbindung zwischen dem Feuer und der Wand her.

Weil das feinfühlige Renovieren immer etwas chaotisch verläuft, kann man nicht viel im Vorweg planen. Schließlich weiß man nie, welche Überraschungen bevorstehen. Andererseits sorgt die Vielzahl der Texturen, die man auf großen Flächen wie Böden, Wänden und Möbeln zu Tage fördert und durch weichere Textilien einbringen kann, für das notwendige Maß an Kontrast. Dieser bildet die einzige Konstante, auf deren Grundlage man planen kann. Achten Sie deshalb darauf, dass Sie am Ende nicht vor zu vielen kontrastierenden Farbtönen und Texturen stehen, nur weil Sie den Moment verpasst haben, Spachtel und Ziehklinge beiseite zu legen und einmal zurückzutreten.

Suchen Sie nach Möglichkeiten, Kontraste gezielt einzusetzen. Überlegen Sie, wie welche Flächen nebeneinander wirken und einander ergänzen. Eine einzelne glatte Wand oder ein makellos weiß gestrichener Boden hebt ausdrucksvolle Texturen klarer hervor. Kontrast dient dazu, die schönsten Dinge ins rechte

Licht zu setzen und ihre attraktivsten Merkmale besonders zu betonen.

Texturen verleihen gerade einer Recycling-Wohnung Charakter und die Patina würdigen Alters. Bewaffnen Sie sich mit Spachtel und Schleifpapier und entfernen Sie Farb- und Tapetenschichten, die frühere Bewohner hinterlassen haben. Ähnlich wie die Jahresringe eines Baums geben die Dekorationstrends (und Tragödien) Auskunft über das Alter eines Hauses. Hören Sie auf, wenn Sie etwas zu Tage fördern, das Ihnen gefällt. Und machen Sie sich auf Überraschungen gefasst. Normalerweise ist es sinnvoll, sich bis zum Verputz vorzuarbeiten, dessen scheckige Texturen und sanfte, kalkige Farben – manchmal, je nach Geschmack früherer Bewohner, auch mit bunteren Farbspuren – einen idealen Raumhintergrund abgeben. Denken Sie dabei

Keine Angst vor dem Unvollkommenen! Diesem Schrank aus einem Eisenwarengeschäft in Frankreich fehlen zwar ein paar Schubladen, dennoch macht er in dieser Küche eines Bauernhauses eine gute Figur. Ein abgebrochenes Reststück einer Täfelung wird wie ein Kunstwerk präsentiert – zu Recht, denn es harmoniert ausgezeichnet mit den Texturen und Farben des schönen, abgetretenen Steinbodens.

HALTEN SIE AUSSCHAU NACH VINTAGE-STÜCKEN, ABER VERLASSEN SIE SICH NICHT IMMER AUF DEN AUGENSCHEIN. DENKEN SIE SICH DEN BUNTEN ANSTRICH ODER DEN HÄSSLICH VERGILBTEN LACK WEG UND VERSUCHEN SIE, OBJEKTIV ZU BEURTEILEN. BEIZEN SIE KOMMODEN, STÜHLE, TISCHE ODER SCHRÄNKE AB, UM IHREN EIGENTLICHEN KERN – IHR WESEN – ZU TAGE ZU FÖRDERN.

immer an die Kontraste. Wenn Sie nicht zwischen allzu vielen verschiedenen Oberflächen und Farben den Überblick verlieren wollen, schaffen Sie Kontrast, indem Sie eine Wand frisch und glatt verputzen und in einer Neutralfarbe oder Rohweiß streichen. Alternativ können Sie sich auch auf Türen und Fußleisten, deren frisch freigelegter, verwitterter Charakter sehr ausdrucksvoll sein kann, beschränken. Haben die Wände bereits die originellste Textur, schaffen Sie durch schlichte, ruhige Fußböden wie weiß gestrichene Dielen oder industriell-sachlichen Gussbeton ein optisches Gegengewicht. Auch Ihre Füße werden es Ihnen danken.

Eine Holztäfelung bietet sich an, um eine Wand interessant zu gestalten, allerdings sollte man sie nicht senkrecht, sondern waagerecht anbringen, um den »Sauna-Effekt« zu vermeiden. Verwenden Sie recyceltes Holz und experimentieren Sie mit Brettern in verschiedenen Breiten und Farbtönen. Wer eine weniger dauerhafte Lösung anstrebt oder vielleicht in einem neueren Gebäude wohnt, kann Bretter auch einfach an die Wand lehnen. Alte Ladenschilder, Stücke von Profilleisten und geschnitzten Türrahmen oder Bohlen mit Spritzern und Flecken von Farbe sehen in Kombination mit sauberen Brettern interessant und abwechslungsreich aus. Holz fühlt sich warm an, hat eine natürliche Ausstrahlung, sieht neben Wänden

Oben links Zu viele Texturen können erdrückend wirken. Lassen Sie den Fußboden und eine oder zwei Wände schlicht. Neben diesen Flächen mit einem frischen Anstrich in Weiß gewinnen die anderen Elemente im Raum mehr Geltung. In diesem hellen, luftigen Raum fallen die Texturen von Tür, Fußleiste und Spiegelrahmen erst richtig ins Auge.

Oben rechts Ein Stapel metallener Archivboxen, deren schwarzer Lack entfernt wurde. Zurück bleibt ein sanfter, metallischer Schatz. Der Spaß am »Ent-Dekorieren« besteht darin, dass man nie genau weiß, auf was man stoßen wird.

Diese Seite Der alte Rahmen, in dem eine unfertige Stickerei notdürftig festgesteckt ist, ist kunstvoll geschnitzt. Die Blattvergoldung lässt noch etwas von seiner früheren Pracht erahnen. Die schlicht weiß gestrichene Quertäfelung, die nackte Glühbirne und das leicht knittrige Leinen der Stickerei bilden interessante Kontraste zu dem Rahmen, ohne ihm die Schau zu stehlen.

Oben Diese ungewöhnliche, natürliche Treppe sieht bescheiden und unprätentiös aus, ihre Konstruktion erforderte jedoch mühevolle Kleinarbeit: Sie besteht aus zahllosen miteinander verleimten Abschnitten von Gerüstbohlen. Der glitzernde Kronleuchter ist die ideale Beleuchtung, weil er einen starken Kontrast zu der schlichten Treppe bildet. Damit das glamouröse Teil keine Star-Allüren bekommt, wurde es mit einem Stück Treibholz »garniert«.

In diesem Raum ist der alte, lange vergessene Kinderstrumpf in Knallrot der Blickfang. Ein aufwändig geschnitzter und vergoldeter, mittlerweile aber in Mitleidenschaft gezogener Rahmen bildet einen gelungenen und durchaus witzigen Kontrast zu dem alltäglichen Motiv des Strumpfes. Der faserige Riesenkranz verträgt sich erstaunlich gut mit dem Schnörkelrahmen, dem Arts-and-Crafts-Tisch und dem Regency-Sessel – insgesamt eine ruhige, aber außergewöhnliche Sitzecke.

mit gescheckem, abblätterndem Anstrich solide aus und wird mit den Jahren immer schöner. Von Wind und Sonne ausgebleichtes Holz hat einen ganz besonderen Charme, weil es an Ferien am Meer denken lässt.

Für recyceltes Holz gibt es viele Einsatzzwecke. Aus Resten von Dielen, die ihre Zeit als Bodenbelag hinter sich haben, kann man noch eine Kaminumrahmung bauen, die sowohl zu abgekratzten als auch zu glatten Wänden passt. Holz ist zeitlos und muss nicht farbig gestrichen werden. Wenn Sie ein verwendbares Stück aus gestrichenem Holz finden, entfernen Sie die Farbe – aber nicht restlos, denn einige Spuren können auch Geschichten erzählen. Sie sollten Holz auch nicht lackieren, oder haben Sie schon einmal einen hochglänzenden Baum gesehen? Nur eine Behandlung steht recyceltem Holz wirklich gut: Wenn es uralt und verwittert aussehen soll, lassen Sie es sandstrahlen.

Auch Möbel können Texturen beisteuern. Halten Sie Ausschau nach alten Stücken, aber verlassen Sie sich nicht immer auf den Augenschein. Versuchen Sie, sich den bunten Anstrich oder den hässlich vergilbten Lack wegzudenken, um ein Stück objektiv beurteilen zu können. Beizen Sie Kommoden, Stühle, Tische oder Schränke ab, um ihren eigentlichen Kern – ihr Wesen – zu Tage zu fördern. Im Recycling-Ambiente geht es vor allem um die Ehrlichkeit und Integrität der Materialien; übertünchen Sie daher nichts mit Farbe oder Glanzlack – »ent-dekorieren« Sie stattdessen.

Wenn Sie auf Flohmärkten nicht finden, was Sie suchen (oder gebrauchen können), könnten Sie auch ein Möbelstück aus gebrauchtem

ÄHNLICH WIE DIE JAHRESRINGE EINES BAUMS GEBEN DIE DEKORATIONSTRENDS (UND TRAGÖDIEN) AUSKUNFT ÜBER DAS ALTER EINES HAUSES. MACHEN SIE SICH AUF ÜBERRASCHUNGEN GEFASST!

Gegenüber Tragen Sie die Farbschichten ab, um Zugang zur Geschichte Ihres Hauses zu bekommen. Beim Abbeizen in mehreren Arbeitsgängen kamen die verschiedenen Farben dieser Tür ans Licht. Der oberste Anstrich war weiß, darunter lagen Rot, dann Blau und zuunterst als älteste Farbe Grün. Die Unterkante wurde in traditioneller Weise mit einem Streifen Kupferblech geflickt.

Oben Diese Tür wurde gleichmäßiger abgebeizt. Ihr durchgehender, impressionistisch-scheckiger Grauton hebt das Türblatt neben dem blassen Honigton der Wände gut ab. Die Stromkabel wurden ganz im Sinne des »unfertigen« Recycling-Looks auf Putz verlegt.

Gegenüber Hier kommt die natürliche Schönheit des Holzes ausgezeichnet zum Ausdruck. Der Raumteiler aus alten Gerüstbohlen wurde erst behutsam gesandstrahlt, sodass die Maserung plastisch hervortritt, und dann mit einer transparenten weißen Lasur gestrichen. Um ein einheitliches Bild zu erhalten, wurden die Fußleisten in der gleichen Weise behandelt. Wer keine Möglichkeit zum Sandstrahlen hat, kann die Gerüstbohlen auch von Hand mit Stahlwolle bearbeiten, was aber recht mühsam ist.

EINE MIT HOLZ GETÄFELTE WAND KANN SEHR ORIGINELL AUSSEHEN. WAAGERECHT STATT SENKRECHT MONTIERTE BRETTER VERHINDERN DEN TYPISCHEN »SAUNA-EFFEKT«.

Diese Seite Glatte Oberflächen gehören ebenso dazu wie raue und abgenutzte. Die seidige, gestrichene Täfelung wirkt angenehm ruhig und erzeugt durch die direkte Nachbarschaft zum dunklen Kamin einen grafischen Schwarz-Weiß-Effekt, der durch das gerahmte Foto und das einfach hinter die Kaminfront geklemmte Foto noch verstärkt wird.

29 Elemente | Farben und Texturen

Gegenüber In dieser Küche harmonieren die unterschiedlichsten Texturen miteinander, weil sie alle einen ähnlichen Tonwert aufweisen und neben der grünen Tür für Ausgewogenheit sorgen. Der Raum wirkt authentisch, weil seine Gebrauchsspuren nicht versteckt werden.

Oben Eine Kinderzeichnung, mit Wachsmalstift auf die Rückseite einer alten Täfelungskassette gemalt, gibt der Einrichtung Originalität. Aus dem Rest eines Geländerpfostens und einem Stück französischem Leinen wurde eine ungewöhnliche Tischleuchte kreiert.

Holz tischlern lassen. Alte Bodendielen oder Gerüstbohlen eignen sich für die meisten Zwecke. Fragen Sie bei einem freundlichen Baustoffhändler nach Resten und Verschnittstücken. Aus Stücken von Bodendielen, Fußleisten und dekorativen Zierprofilen lassen sich auch attraktive Spiegelrahmen oder kleine Hocker und Beistelltische bauen. Haben Sie eine alte, aber unvollständige Kommode ergattert, schieben Sie einfach andere Schubladen hinein oder bauen Sie eine aus neuem Holz. Schauen Sie, was passiert, wenn Sie altes und neues Holz kombinieren. Recycling-Möbel dürfen nicht zu perfekt aussehen, außerdem ist es vernünftig (und spart Geld), wenn man seinen eigenen Fundus an Material ausschöpft oder Dinge verwendet, die andere Leute wegwerfen würden.

Neue, glänzend-glatte Oberflächen können zu ehrwürdig gealterten Stücken eine ausgezeichnete Ergänzung bilden. Möbel, Kisten und Boxen aus Metall bekommt das »Ent-Dekorieren« oft sehr gut. Wenn Sie gestrichene Stücke finden, entfernen Sie die Farbe – und zurück bleibt eine originell verkratzte, blasse Metalloberfläche, die gut mit scheckigen Wänden oder abgewetzten Holzmöbeln harmoniert.

Eine weitere Möglichkeit, Texturen zu integrieren, bieten Bilder und dreidimensionale Kunstgegenstände. Schauen Sie, was bei Ausstellungen von Kunstakademien und -schulen angeboten wird, oder engagieren Sie Ihre Kinder. Kunterbunte Zeichnungen mit krakeligen Konturen passen gut zu recycelten Materialien und sanften Farbtönen. Wenn Sie selbst eine kreative Ader haben, malen Sie auf eine Holzplatte, die Sie zuerst streichen und dann wieder abbeizen, ein abstraktes Motiv. Solche Bilder eignen sich, um neueren Gebäuden, in denen man den Wänden nicht zu hart zusetzen kann, etwas Shabby Chic zu verleihen; sie sind aber auch nützlich, um das Abbeizen zu üben, ehe man eine ganze Wand in Angriff nimmt.

Stauraum

Stauraum kann man gar nicht genug haben. So sehr wir uns auch anstrengen, es sammeln sich immer neue Dinge an, die einen Platz brauchen. Der Recycling-Stauraum, den wir Ihnen vorstellen, hat definitiv nichts mit System-Regalen vom Möbel-Discounter zu tun. Alles, was man mit einem Inbusschlüssel zusammenbaut, ist tabu. Ein wahrer Recycler erkennt das Potenzial aller möglichen Objekte und gibt alten und vergessenen Möbelstücken einen neuen Lebenszweck.

Links Nutzen Sie jeden verfügbaren Quadratzentimeter, selbst wenn Sie ihn nur mithilfe einer Leiter oder eines Stuhls erreichen. Papierrollen und alte Landkarten braucht man nicht oft, darum kann man sie getrost auf einem hohen Schrank aufbewahren.

Gegenüber Nutzen Sie »toten« Raum, etwa indem Sie Haken und Regale so unter Balken hängen, dass sie nicht im Weg sind. Dinge, die man nicht oft braucht, können in alten Holzkisten, Körben und Taschen verstaut werden.

Unten Damit Räume übersichtlich bleiben, sollten einige Dinge aus der Sichtweite verschwinden. Um im Schlafzimmer eine entspannte Atmosphäre zu schaffen, bietet sich Stauraum hinter schlichten, glatten Schiebetüren an.

Wenn Sie sich daranmachen wollen, Ihre Habseligkeiten aufzuräumen und etwas mehr Ordnung zu schaffen, setzen Sie auf recycelten Stauraum, statt auf fantasielose Fertiglösungen zur Aufbewahrung. Ganz egal, wofür ein altes Möbelstück ursprünglich gedient hat: Überlegen Sie einmal, wie es Ihre Stauraumprobleme lösen könnte. Fundstücke wie alte Holzkisten, Fischerkörbe, Koffer oder alte Industrie-Rollwagen sind ungemein vielseitig, haben viel Charakter und erzählen mit ihren verblichenen Aufdrucken charmante Geschichten. Alte Ladeneinrichtungen oder Apothekerschränke eignen sich ebenfalls, um in Küche, Bad oder Schlafzimmer jede Menge Dinge zu verstauen. Würdigen Sie solche alten Möbel, retten Sie sie vom Sperrmüll und setzen Sie sie einfach für Ihre eigenen Zwecke ein. Es gibt noch viele solcher Stücke, die nur auf ihre Wiederent-

ROLLWAGEN AUS DEM GEWERBEBEDARF EIGNEN SICH ALS FLEXIBLE, OFFENE REGALE FÜR DIE VERSCHIEDENSTEN DINGE. WEGEN IHRES SACHLICHEN, ZWECKMÄSSIGEN CHARAKTERS PASSEN SOLCHE METALLWAGEN MIT HOLZBÖDEN UND ABBLÄTTERNDEM ANSTRICH BESONDERS GUT IN KÜCHE ODER BAD.

Oben links Alte Rollwagen bieten reichlich Platz für Schuhe, Taschen oder andere Dinge, die sich gern und schnell ansammeln.

Oben Mitte Ein Lagerregal macht sich in der Küche als Aufbewahrungsplatz für Töpfe, Pfannen und Körbe mit kleineren Utensilien nützlich.

Oben rechts Mit Stapeln dicker, weicher Handtücher und frisch gewaschener Bettwäsche sehen große Rollwagen gar nicht mehr so funktional aus.

Gegenüber Ein alter Rollwagen aus einer stillgelegten Schuhfabrik tut auch zu Hause als Schuhregal gute Dienste. An der Wand hinter dem Rollwagen sieht man noch Spuren des Musters einer abgelösten Tapete.

deckung warten. Und liebevoll aufgemöbelt passen sich solche Vintage-Schätze auch sichtbar verstautem Inhalt problemlos an. Was man nicht so gern vorzeigen möchte, kann man immer in alten Truhen, Körben und Koffern verschwinden lassen.

Wer sich für offenen Stauraum entscheidet, könnte zum Beispiel ein Regal aus alten Obstkisten bauen. Aufeinandergestapelt und an der Wand fixiert sind sie ebenso praktisch wie moderne Modul-Regale. Besorgen Sie sich einfach so viele, wie Sie für den jeweiligen Raum benötigen, und packen Sie Ihre Dinge hinein. Sie werden staunen, wie gut eine ganze »Regalwand« aus solchen Kisten aussehen kann. Kisten sind ohnehin die »Alleskönner« der Stauraum-Szene. Einfach Rollen anschrauben, und fertig ist ein fahrbarer Zeitungskasten. Und dann müssen Sie nie wieder vom Sofa aufstehen, um die Sonntagsbeilage der Tageszeitung weiterzureichen. Manchmal ist es auch sinnvoll, etwas gemäß seinem ursprünglichen Zweck zu verwenden. Alte Wein- oder Saftkisten sind relativ einfach zu bekommen und es erfordert nicht viel Fantasie, sich auszumalen, was man mit ihnen tun kann. Selbst für die Aufbewahrung und den Transport von Flaschen für den Glas-Container sind sie sehr praktisch. Und wer es flexibel und mobil mag, schraubt einfach wieder Rollen daran. Industrie-Möbel wie Schuhregale aus einer alten Fabrik eignen sich als offener Stauraum für alle möglichen Dinge. Mit ihrem etwas nüchternen Charakter – Holzböden mit abgewetzter Farbe auf einem Metallgestell – machen sie auch in der Küche als Aufbewahrung für Töpfe und Pfannen oder verpackte Lebensmittel eine ausgezeichnete Figur. Ebenso gut kann man sie im Bad zum Verstauen von Handtuchstapeln benutzen. Oder man bleibt ihrer ursprünglichen Funktion treu und nutzt sie zum gut belüfteten Aufbewahren von Schuhen.

Bücher scheinen sich unkontrolliert zu vermehren und immer mehr kostbaren Regalplatz einzunehmen. Gestalten Sie Ihre Bibliothek kreativ. Einfache Leiter-Regale,

deren Träger und Böden aus gebrauchten Brettern bestehen, sehen gut aus und lassen sich leicht auf die individuellen Bedürfnisse zuschneiden. Außerdem haben sie etwas vom Charme alter Bibliotheken, in denen man Leitern benötigte, um an die verstaubten Wälzer auf den obersten Regalen zu gelangen. Auch Musik- und Filmsammlungen scheinen ständig zu wachsen. Ihre Plastikhüllen sehen gleich sympathischer aus, wenn man sie in Holzregalen mit unregelmäßigen, rauen Kanten aufbewahrt. Sie könnten sie auch in alte Koffer oder Industrie-Kisten packen, die sich – der Größe nach sortiert – leicht aufeinanderstapeln lassen. Oder vielleicht gefallen Ihnen staksige Beine aus alten Metallteilen besser? Selbst alte Schubladen aus Holz oder Metall, denen ihr Aktenschrank oder ihre Kommode abhanden gekommen ist, eignen sich gut zum Verstauen von Kleinigkeiten. Auf einer alten Tischplatte können sie ein neues Zuhause finden, ohne dabei an Flexibilität zu verlieren.

Ist ein Stück Wandfläche in einer ungenutzten Ecke oder im Flur frei, bringen Sie ein paar Haken an. Aber lösen Sie sich vom Konventionellen. Alte, verschnörkelte Haken, kleine Stücke Treibholz oder sogar alte Schuhspanner erfüllen den gleichen Zweck. Oder haben Sie vielleicht eine Schwäche für Taschen? Auch in ihnen kann man allerlei aufbewahren!

Wer mehr Stauraum braucht, ist mit Teilen alter Laden- und Apothekeneinrichtungen oder mit Metallspinden aus einer Schule oder einer Fabrik gut bedient. Weil sie so viel Platz bieten, sind sie für jeden Raum der Wohnung ein Gewinn. Ein extragroßer, alter Kleiderschrank leistet nicht nur im Schlafzimmer gute Dienste, sondern kann auch in der Küche als Ersatz für eine Speisekammer dienen. Und ein alter Ladentresen kommt in der Küche als Arbeitsfläche zu neuen Ehren. Geräumige alte Schränke und Kleiderschränke, denen man leicht eine neue Innenausstattung verpassen kann, sind ein ausgezeichnetes Versteck für die heute notwen-

Gegenüber oben links Die Gerüstbohlen mit den ausgebrochenen Enden haben ihr Verfallsdatum längst überschritten und sehen nun aus wie altes Treibholz. Als Wangen für Regale sehen sie in diesem hellen Wohnraum aber immer noch gut aus.

Gegenüber unten links Erst auf den zweiten Blick sieht man, dass dieses Tellerregal in Wirklichkeit eine alte Palette ist. Die rostigen Nägel wurden einfach so umgebogen, dass sie die Teller am Umkippen hindern. Wegen des bescheidenen Charakters der Palette kommen die bunten Teller besonders gut zur Geltung.

Diese Seite Diese simplen Bücherregale wurden aus alten Bodendielen gebaut. Gerade beim Stauraum zahlt sich etwas Sorgfalt im Detail aus. Als Regalböden dienen Stahlplatten, die in Nuten in den Brettern geschoben wurden. Oben und unten werden die Regale von Stahlbändern zusammengehalten.

Links Alte Schließfächer aus einer Schule haben eine neue Funktion als Stauraum in der Küche bekommen. Wer keine Lust hat, ständig nach Utensilien zu suchen, könnte auch die Türen beschriften oder Schilder an die Schlüssel hängen.

Unten Archivboxen aus verzinktem Eisen, von ihrem Anstrich befreit und mit Stahlbeinen ausgestattet, dienen jetzt als Aufbewahrungsplatz für CDs – ein spannender Kontrast zu dem kleinen Spiegel auf seinem staksigen Ständer. Das Mosaik der Kamin-Umrahmung besteht aus Recycling-Glas.

dige, aber meist hässliche Unterhaltungselektronik wie Fernseher, DVD-Player und Musikanlage. Und wenn solche Geräte mit ihrer Hochglanz-Ausstrahlung jedoch sichtbar aufbewahrt werden, bilden angestoßenes Holz und die nicht gerade makellose Oberfläche alter Möbel ein gutes optisches Gegengewicht. Apothekerschränke mit Glasfront sind praktische »Vitrinen« für Sammlungen hübscher Lieblingsstücke, die Sie im Lauf der Zeit zusammengetragen haben.

Im Schlafzimmer muss man die Kleidung nicht unbedingt in einem Schrank verstecken. Es hat sogar Vorteile, wenn sie sichtbar aufbewahrt wird. So bemerkt man leichter, dass man das ehemalige Lieblingshemd lange nicht mehr getragen hat und es vielleicht doch allmählich in die Kleidersammlung geben könnte. Auch alte Koffer sind ungemein praktisch zum Aufbewahren von Kleidung. Hängen Sie alles, was Sie für die aktuelle Saison benötigen, sichtbar auf, und verstauen Sie alles andere sorgfältig. Es kostet nur ein bisschen Geduld und Mühe, alte Anstriche oder Kunstlederüberzüge von Koffern und Truhen zu entfernen. Auch für die Skikleidung, das Aktenarchiv oder andere Dinge, die man aufbewahren will, aber nicht sehr häufig zur Hand nimmt, sind alte Koffer und Truhen ideal.

Gegenüber unten Alte Weinkisten können sich für jungen Wein nützlich machen, aber auch für Altpapier und Altglas, das zum Container gebracht werden soll. Praktische Rollen machen sie mobil.

Diese Seite Eine Sammlung origineller Holzschachteln gibt dem häuslichen Papierkrieg ein Zuhause und sieht auf der einfachen Tischplatte auf Böcken obendrein dekorativ aus. Ein schöner Blickfang ist auch die geprägte Lederschatulle auf dem unteren Regalboden, die zum Aufbewahren besonderer Schätze dient.

Wände und Fußböden

Wände und Fußböden bilden im Haus oder in der Wohnung die »feste« Kulisse für alle anderen »beweglichen« Elemente. Ein Fußboden sollte sich unbedingt behaglich anfühlen. Denken Sie einmal an das Gefühl, barfuß über einen Rasen oder einen Strand zu laufen. Füße sind sensibel – also verwöhnen Sie sie mit etwas Schönem. An den Wänden kann man es etwas lockerer angehen. Kalkiger Verputz, von dem viele Farbschichten abgetragen wurden, sieht wunderbar beruhigend aus, selbst wenn er noch Spuren von der flamingofarbenen Tapete oder dem türkisblauen Anstrich zeigt, den frühere Bewohner hinterlassen haben.

Links Ein französischer Fliesenboden präsentiert sich mit der ganzen Würde seines Alters. Er hat Gebrauchsspuren, doch man sieht ihm an, dass er über all die Jahre liebevoll mit Bienenwachs gepflegt wurde. Es wäre schade, ihn durch einen neuen, glatteren zu ersetzen.

Rechts Wände und Boden in dieser Diele sind völlig undekoriert. Es wurde nur dort, wo es nötig war, ausgebessert. Dem Steinboden sieht man an, an welchen Stellen er am meisten strapaziert wurde, aber das trägt nur zu seinem Charakter bei. Leben Sie mit dem, was Sie haben, statt es übereilt durch etwas Neues, Gesichtsloses zu ersetzen.

Schauen Sie einmal nach, was Sie unter dem Teppich entdecken. Mit etwas Glück entdecken Sie Dielen, die nur gründlich geschrubbt oder vielleicht von Farbresten befreit werden müssen. Nehmen Sie dann den Raum in Augenschein. Ist er eher düster, streichen Sie die Dielen weiß, um ihn aufzuhellen. Dadurch entsteht gleichzeitig ein origineller Kontrast zu groben Texturen an den Wänden. Weiß gestrichene Dielen machen sich im Badezimmer besonders gut, weil sie so schön frisch und sauber wirken und einfach optimal zu traditionellen Wannen mit Rollrand und Löwenfüßen passen.

Auch wenn der Blick unter den Teppich enttäuschend ist, verzweifeln Sie nicht gleich! Versuchen Sie, aus dem Vorhandenen etwas zu kreieren, es zu reparieren oder zu restaurieren, ehe Sie es herausreißen und etwas ganz Neues verlegen. Mauselöcher in Bodendielen hat man früher mit alten Kuchenformen oder Backblechen geflickt. Greifen Sie diese Tradition auf, denn sie gibt Ihrem Boden noch mehr Charakter und kostet erheblich weniger als neue Dielen. Eine anfallende Reparatur sollten Sie gleich nutzen, um eventuell Dielen aufzunehmen und Kabel oder Rohre zu erneuern. Marodes oder wurmstichiges Holz ersetzen Sie dabei durch Abschnitte aus anderen alten Dielen. Dadurch entsteht ein Patchwork-Effekt, der in einem Recycling-Ambiente absolut stimmig aussieht. Wenn Holzwurmbefall Ihnen Sorgen macht, behandeln Sie ihn – aber setzen Sie die giftigen Insektizide nur da ein, wo es wirklich notwendig ist. Zum Glück stammen die meisten Wurmlöcher in altem Holz von Schädlingen, die längst verschwunden sind.

Wenn der Holzboden ersetzt werden muss, kaufen Sie keine nagelneu geschnittenen Dielen, sondern suchen Sie lieber nach aufgearbeiteten alten, aus denen die Nägel entfernt wurden. Neue Dielen haben viel weniger Ausstrahlung

Elemente

48

Wände und Fußböden

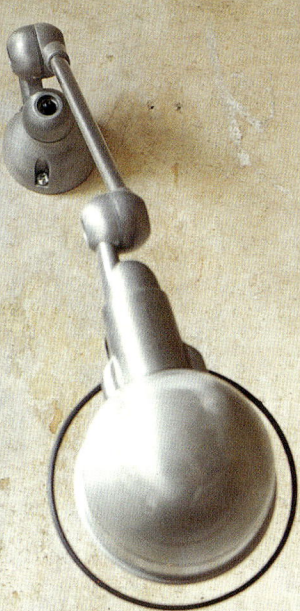

als gebrauchte. Weil aber alte Baumaterialien inzwischen viele Fans haben, sind sie nicht mehr so leicht zu beschaffen wie früher.

In oft strapazierten Bereichen wie Diele, Flur und Küche hat man früher Stein- oder Fliesenböden verlegt, die eine Menge über das Haus verraten können. Edle Jugendstil-Fliesen im Eingangsbereich machten schon damals einen guten Eindruck und zeigen noch heute viel her. Naturstein- oder Fliesenböden können ein Leben lang halten. Viele werden mit dem Alter immer schöner, und es schadet auch nicht, wenn die Hauptverkehrswege als »Laufstraßen« erkennbar werden. Sehen die Fliesen ein bisschen mitgenommen aus, kann man sie mit Bienenwachs aufpolieren. Es lässt die Oberfläche atmen und verhindert dabei, dass Feuchtigkeit dunkle Flecken hinterlässt. Stören Sie sich nicht an Unebenheiten, die typisch für alte Naturstein- und Fliesenböden sind. Falls Ihre Möbel etwas Schlagseite bekommen, können Keile oder dekorative, alte Garnspulen, die perfekt für diesen Zweck geeignet sind, Abhilfe schaffen.

Unregelmäßige Wände vertragen sich gut mit reparierten Fußböden aus recycelten Materialien. Wieder steht und fällt der Effekt mit dem Kontrast. Bildet der Fußboden ein auffälliges Patchwork, sollten die Wände eher ruhig gestaltet

Gegenüber, oben links Das abgebrochene Stück einer Zierleiste ist zu schade für den Müll. Vor der bröckeligen Wand in der Fensternische wirkt es fast wie ein altgriechisches Relikt im Miniaturformat.

Gegenüber oben rechts Der moderne Sessel passt genau zum Farbton der nackten Wand und bildet mit seinen grafischen Linien einen originellen Kontrast zu dem fleckigen, unregelmäßigen Muster des Verputzes.

Gegenüber unten Das Sammelsurium origineller Kuriositäten auf dem Tisch ist vor den sanften, scheckigen Farben des Verputzes schön in Szene gesetzt. Durch die harmonischen Töne von Wänden und Objekten wirkt dieser Raum friedlich und beschaulich, fast wie ein Museum oder eine Galerie.

Diese Seite Die Gelenkleuchte im Industrie-Stil setzt auf der Wand mit rosa angehauchtem Verputz einen sachlichen Akzent. Sichtbare Holzbalken vermitteln behagliche Wärme.

Gegenüber Das bröckelige Mauerwerk und die abblätternde Farbe rings um diesen Kamin sind ein Extrembeispiel für ein »ent-dekoriertes« Ambiente. Gerahmte Bilder und lässig festgesteckte Postkarten lassen den Raum bewohnt wirken.

Diese Seite Wer nicht mit diesen Extremen leben möchte, kann solche Texturen auch in kleinerem Rahmen einführen. Diese eindrucksvolle Collage aus Papier und Farbe ist nicht größer als ein Bild, korrespondiert aber mit den abblätternden Farbschichten im Raum gegenüber. Vor der glatten, hellen Wand hebt sich dieses originelle Kunstwerk kontrastvoll ab.

Materialkombinationen, die von Generationen von Bewohnern hinterlassen wurden, vertragen sich gut miteinander. In Küche, Flur und anderen Bereichen mit viel Fußgängerverkehr verlegte man strapazierfähige Bodenbeläge aus Stein oder Fliesen. Für Wohnräume wählte man normalerweise Holzböden, die sich warm und luxuriös anfühlen. Beide harmonieren gut mit der verblichenen Pracht rohen Verputzes, abgebeizter Türen und handgefertigter Möbel.

UNREGELMÄSSIG GESTALTETE WÄNDE PASSEN GUT ZU FUSSBÖDEN AUS RECYCELTEN MATERIALIEN. WIEDER STEHT UND FÄLLT DER EFFEKT MIT DEM KONTRAST. BILDET DER FUSSBODEN EIN AUFFÄLLIGES PATCHWORK, SOLLTEN DIE WÄNDE EHER RUHIG GESTALTET SEIN. DANN GENÜGT ES, WENN BEISPIELSWEISE TÜREN UND FUSSLEISTEN AUFFÄLLIGE TEXTUREN ZEIGEN.

Oben links Manchmal findet man alte Anstriche in schönen Farben vor, die zu erhalten sich lohnt – wie diese Kalkfarbe in prächtigem Blau. Die Wand mit den kleinen Schäden und Unregelmäßigkeiten passt gut zum gesamten »ent-dekorierten« Einrichtungsstil des Hauses, harmoniert aber auch mit dem grauen Natursteinboden und dem alten Verputz der übrigen Wände.

Oben rechts Natürliche Textilien wie Sackleinen und Bindfaden – hier zu simplen Beuteln verarbeitet – sehen zu nackten Wänden und Böden stimmig aus. Ihre Derbheit erzählt davon, dass die Zeiten früher hart waren, und sie scheinen fast dankbar für die Möglichkeit, sich nun einmal auszuruhen.

sein. Dann genügt es, wenn beispielsweise Türen und Fußleisten originelle Texturen zeigen. Natürlich gilt das Prinzip auch im umgekehrten Sinn. Ausdrucksvolle Texturen an den Wänden vertragen sich am besten mit schlichten Fußböden, im Idealfall in ruhigem Weiß.

Wenn Sie sich für das »Ent-Dekorieren« entscheiden, statt einfach eine neue Farbschicht aufzutragen, werden Sie die gestalterischen Höhen und Tiefen Ihrer Wohnung kennenlernen. Das allmähliche Abtragen vieler verschiedener Farb- und Materialschichten hat auch etwas mit Vergangenheitsforschung zu tun. Und weil die früheren Tapeten oft Spuren ihrer Existenz hinterlassen, entsteht am Ende oft ein subtiles, sehr interessantes Bild. Wenn frühere Besitzer auch Holztäfelungen, Kabel, Scheuer- oder Bilderleisten entfernt haben, fügen die von solchen Elementen hinterlassenen feinen Tonwert-Nuancen der lebendigen Ausstrahlung der alten Wandtexturen eine weitere Dimension hinzu.

Eine gute Alternative zu konventioneller Wandfarbe ist Kalkfarbe, die eine wunderschöne, samtig-matte Oberfläche hat und in blassen Pastelltönen sehr zart und »kreidig« wirkt. Diese Farben versiegeln die Wände nicht, sondern lassen sie atmen und beugen so Feuchtigkeitsproblemen vor. Wände mit altem Kalkputz sollte man nur mit Kalkfarben streichen, weil moderne Dispersionsfarben schnell wieder abblättern würden.

Das scheckige Muster dieser Wand erinnert entfernt an Straußenleder. Den Besitzern gelang es gerade noch rechtzeitig, den Architekten daran zu hindern, diese interessante Fläche zu verstecken. Entstanden sind die Flecken durch die Vorarbeiten zum neuen Verputzen der Wand. Die extragroße Scherengelenk-Leuchte strahlt ein altes Schild an, das vor Waldbrandgefahr warnt – direkt über dem Kamin.

Auch in diesem Haus werden die Holz- und Steinfußböden nicht versteckt. Auf der Treppe sind noch Spuren alter Läufer zu erkennen. Vom Geschick der Handwerker in viktorianischer Zeit zeugen die alten Fliesen, die in einem geometrischen Muster unverfugt verlegt wurden. Ein übergroßer Spaten – früher einmal ein Dekorationsobjekt eines Eisenwarenladens – steht als originelle Skulptur im Eingangsbereich. Neben der Schneiderbüste in Kindergröße wirkt der Spaten noch riesiger.

Beleuchtung

Licht schafft Atmosphäre und hat einen erheblichen Anteil daran, wie behaglich und einladend Räume wirken. Wer Beleuchtung unter dem Recycling-Aspekt betrachten will, muss sich aber von Konventionen lösen. Leuchten, die von der Baustelle oder aus dem Hühnerstall stammen, können auch am Schreibtisch oder im Schlafzimmer gut aussehen. Viele Leuchten aus Industrie und Gewerbe kommen in der Wohnung oder im Haus zu neuer Geltung, oft mit origineller und witziger Wirkung.

EINE ALTE WERKSTATTLEUCHTE MIT EINER GLÜHLAMPE IM EISENGITTER SIEHT AUCH AUF DEM NACHTTISCH ORIGINELL AUS UND KANN EINE AUTHENTISCHE ERGÄNZUNG FÜR EIN HAUS MIT RECYCLING-ATMOSPHÄRE DARSTELLEN.

Bei der Planung der Beleuchtung kommt es auf vorausschauendes Denken an. Wenn neue Kabel verlegt werden müssen, sollten Sie diese Arbeitsphase dafür nutzen, sich genau zu überlegen, was wo benötigt wird. Legen Sie Ihre persönlichen Anforderungen an die Beleuchtung fest und denken Sie daran, dass man für verschiedene Tätigkeiten unterschiedliches Licht braucht. Sparen Sie nicht an Steckdosen, planen Sie lieber pro Raum eine mehr ein als Sie zu brauchen meinen.

Oft ist eine Mischung aus Tisch-, Steh- und Wandleuchten vorteilhafter als eine helle Deckenleuchte, die sich verzweifelt abmüht, ihr Licht bis in die düstersten Winkel des Raums zu schicken. Wer verschiedene Bereiche individuell beleuchtet, kommt meist auch mit schwächeren Glühlampen aus und kann so Energie sparen. Eine einfache Reihe altmodischer Wolfram-Glühlampen an Kabeln mit Textil-Ummantelung kann in einem schlauchartigen Flur oder über einem langen Esstisch stimmig aussehen. Verwendet man etwas längere Kabel, lässt sich die Höhe der Lampen mit einem einfachen Knoten verstellen. Solche simplen Glühlampen sehen auch gut aus, wenn sie an einem extralangen Kabel niedrig über dem Nachttisch hängen oder als minimalistische Wandleuchte einfach an einem Nagel an der Wand befestigt sind. Verwenden Sie keine Kabel mit moderner PVC-Isolierung. Ihren traditionell-sachlichen Charakter haben nackte Glühlampen nur an Kabeln mit Textilummantelung, die schöner hängen und in Silber, Bronze, Schwarz und Gold

Gegenüber Die riesige Deckenleuchte – ein Überbleibsel aus einem Operationssaal – beleuchtet einen langen Esstisch. Sie ist umweltfreundlicher als sie aussieht, denn wegen der verspiegelten Innenseite ist für reichlich helles Licht nur eine einzige Glühlampe erforderlich. Die Schränke stammen aus der naturwissenschaftlichen Fakultät einer Universität und passen im Stil ausgezeichnet zur Deckenleuchte.

Diese Seite, im Uhrzeigersinn von links Eine italienische Leuchte aus den 1950er Jahren wirft Licht in eine düstere Ecke. Eine klassische Scherengelenk-Leuchte mit blankem Metallschirm kann auch zur flexiblen Wandleuchte umfunktioniert werden. Eine altmodische Fahrradleuchte und ein übrig gebliebener Leuchtenfuß: Mit etwas Fantasie kann man aus zwei ganz verschiedenen Fundstücken ein neues, originelles Modell bauen.

Unten Eine schwenkbare Industrie-Leuchte hat einen neuen Zweck gefunden – als dezenter Strahler über einem Bild.

erhältlich sind. Klare Glühlampen sehen besser aus als matte, und getönte Birnen sollten Sie in jedem Fall vermeiden. Wenn Ihnen nackte Glühlampen zu nüchtern sind, seien Sie bei der Gestaltung von Lampenschirmen kreativ. Die verschiedensten Dinge lassen sich problemlos umfunktionieren. Alte Einweckgläser sehen beispielsweise als Hängeleuchten in der Küche originell aus. Bedenken Sie allerdings, dass Sie es mit Elektrizität zu tun haben, und lassen Sie sich bei der Umsetzung Ihrer Ideen im Zweifelsfall von einem Fachmann beraten. Natürlich können Sie auch alte Leuchten, die eigentlich für einen ganz anderen Zweck gedacht waren, vor dem Weg auf den Elektroschrott bewahren. Umbauten an solchen Leuchten sollten Sie allerdings von einem Elektriker vornehmen lassen. Werkstattleuchten und alte Stall-Laternen können in der Wohnung interessant aussehen. Und wenn Ihnen eine alte Werkstattleuchte mit Glühlampe im Drahtkäfig doch zu nüchtern aussieht, kombinieren Sie sie mit einem Sockel aus Treibholz oder hängen Sie sie an einem dünnen Edelstahldraht auf. Über einem Nachtschrank wirkt eine solche Leuchte schlicht, ehrlich und im Sinne der Recycling-Ästhetik ganz authentisch.

Alte Scherengelenk-Leuchten gibt es in vielen verschiedenen Farben und Typen. Mit ihren beweglichen Armen sind sie äußerst praktisch zum Lesen, aber auch zum Anstrahlen von Bildern oder zum Aufhellen einer düsteren Ecke. Wer eine alte Leuchte will, sollte unbedingt beim Elektriker prüfen lassen, ob die Verdrahtung und

Elemente

62

Beleuchtung

Erdung in einwandfreiem Zustand sind. Wenn Ihnen der Industrie-Stil etwas zu herb ist, sorgen Sie mit einer konventionellen Stehleuchte mit Fransenschirm für Kontrast. Streichen Sie den Fuß und schleifen Sie die Farbe teilweise wieder ab. Sie können jedoch auch Stoffstreifen darumwickeln. Kronleuchter, selbst alte und etwas ramponierte, geben ebenfalls ein gutes Gegenstück zu Industrie-Leuchten ab. Das glitzernde Licht vermittelt Glamour alter Zeiten und ein bisschen Dekadenz – perfekt für Räume mit nacktem, scheckigem Kalkputz. Kronleuchter machen nicht nur im Wohnzimmer Eindruck, sondern können auch im Bad oder in der Küche für Aufsehen sorgen.

Diese Seite Gelegentlich trifft man noch auf alte Knipsschalter aus Porzellan oder Bakelit. Besser sind jedoch neue Nachbauten, die heutigen Sicherheitsstandards entsprechen.

Gegenüber So originell kann ein Essplatz aussehen. Die Sputnik-Leuchte mit den kahlen Glühbirnen ist in ein- und ausgeschaltetem Zustand ein Hingucker. Der Tisch hat eine Unterkonstruktion aus Schienen, aus denen normalerweise Industrie-Regale gebaut werden. Unter den völlig verschiedenen Stühlen wird sicher jeder sein Lieblingsmodell finden.

Diese Seite Alte Stehleuchten lassen sich leicht aufpeppen. Um ihren plüschigen Charme zu verstärken, braucht man lediglich den Fuß mit Resten von altmodischen Stoffen zu umwickeln. Der Besitzer dieses Schlafzimmers hat auch Kopf- und Fußende des Bettes mit Borten verziert und so eine visuelle Verbindung zwischen dem stattlichen Bett und der verspielten Leuchte geschaffen.

Gegenüber Ein antiker Lampenschirm mit Fransen setzt originelle Farbakzente.

Gegenüber, kleines Foto oben Lassen Sie Blumen sprechen – ruhig auch einmal etwas lauter. Verschiedene Blumenstoffe im Vintage-Stil können in einem ansonsten schlichten Wohnzimmer ein abwechslungsreicher Blickpunkt sein.

Gegenüber, kleines Foto unten Ein Kronleuchter wurde vom Elektriker generalüberholt und nach dem Aufhängen mit einem Stück Treibholz garniert, damit er nicht allzu prunkvoll wirkt.

WEM INDUSTRIE-LEUCHTEN ZU NÜCHTERN SIND, KANN IHNEN MIT EINER ALTEN STEHLEUCHTE MIT FRANSENSCHIRM EINEN ORIGINELLEN KONTRAST ENTGEGENSETZEN. SIE KÖNNEN AUCH DEN FUSS MIT VINTAGE-STOFFEN UMWICKELN, UM DIE LEUCHTE AUFZUPEPPEN.

Flackerndes Kerzenlicht ist eine weitere Alternative, um Industrie-Leuchten die Härte zu nehmen. Halten Sie die Augen nach alten, etwas mitgenommenen Kerzenhaltern und Standleuchtern offen. Natürlich lassen sich auch andere Dinge zu originellen Leuchtern umfunktionieren – selbst ein Marmeladenglas mit einem Henkel aus Draht kann als Windlicht aufgehängt werden. Für Leuchten braucht man auch Schalter. In einem Recycling-Ambiente sehen traditionelle Modelle, von denen es inzwischen gute, moderne Reproduktionen gibt, viel besser als moderne Plastikschalter aus. Wer alte Keramik- oder Bakelitschalter verwenden möchte, sollte sie unbedingt vor der Installation vom Elektriker überprüfen und gegebenenfalls instand setzen lassen.

Dekorationen

Wer ein Faible für das Wiederverwerten von Materialien hat, ist fast immer ein begeisterter Sammler, der seine Schätze auch gern zur Schau stellen will. Hat man einmal gelernt, in vergessenen Objekten ihre Schönheit und ihr Potenzial zu sehen, wird man oft Beute nach Hause tragen – und schnell kommt eine stattliche Sammlung zusammen. Wer etwas so gern hat, dass er es behalten möchte, wird es auch herzeigen wollen. Dafür gilt es, den passenden Rahmen zu finden. Achten Sie auf verbindende Elemente, etwa auf Materialien, Farben oder das Alter der präsentierten Objekte.

Oben Nischenregale mit weiß gestrichener Rückwand sind ein geeigneter Rahmen für eine Sammlung verschiedener Fundstücke. Da hier fast ausschließlich schwarze und weiße Objekte präsentiert werden, ist die Wirkung spannungsreich, fast grafisch.

Gegenüber Flohmarktstimmung! Auf einem alten indischen Diwan, der zum Beistelltisch umfunktioniert wurde, sind verschiedene Objekte ausgestellt. Der Spiegel hat einen Rahmen aus einem alten Zahnkranz, der riesige Schuhleisten stammt aus einer italienischen Schuhfabrik.

Unten Eine Sammlung brauner Keramik-Teekannen ist in einfachen Holzkisten gut aufgehoben.

Die Dekoration einer Recycling-Wohnung muss nicht viel kosten. Sie brauchen kein Vermögen für eine noble Vitrine oder für ein Gemälde, das zu den Sofakissen passt, auszugeben. Interessanter und vor allem persönlicher wirkt eine kunterbunte Mischung von Objekten, die über Jahre auf Flohmarkt-Bummeln, Strandspaziergängen und Reisen zusammengetragen wurde. Jedes Stück einer solche Sammlung weckt eine Erinnerung und erzählt gerade dadurch, dass es sich außerhalb seiner normalen Umgebung befindet, seine Geschichte besonders eindringlich.

Am schönsten wirken Sammlungen, wenn man etwas Überlegung in ihr Arrangement investiert. Völlig verschiedene Dinge wie beispielsweise zarte Keramik, abgesplitterte Druckstöcke und ein alter Fahrradhelm können gut zusammenpassen, wenn sie die gleichen Farben haben. Ähnlich verhält es sich mit Objekten aus ähnlichen Materialien: Stücke von Treibholz, Bindfadenknäuel und Holzperlen können eine äußerst dekorative Gruppe abgeben. Rostige, verbeulte Reklameschilder und andere »Werbemittel« wie beispielsweise ein übergroßer Schuhspanner, ein Maxi-Bleistift oder winziges Kinderbesteck vertragen sich ebenso gut miteinander. Und ein skurriles Stück, das auf den ersten Blick nicht zu passen scheint, veranlasst zum zweiten Hinschauen – und zum besseren Wahrnehmen der ganzen Gruppe. Auch Reisemitbringsel aus fremden Ländern wie exotisch aussehende Keramik, Strohhüte, Muscheln oder Steine eignen sich gut für dekorative Arrangements. Wer genug Platz hat, kann für jeden Urlaub eine

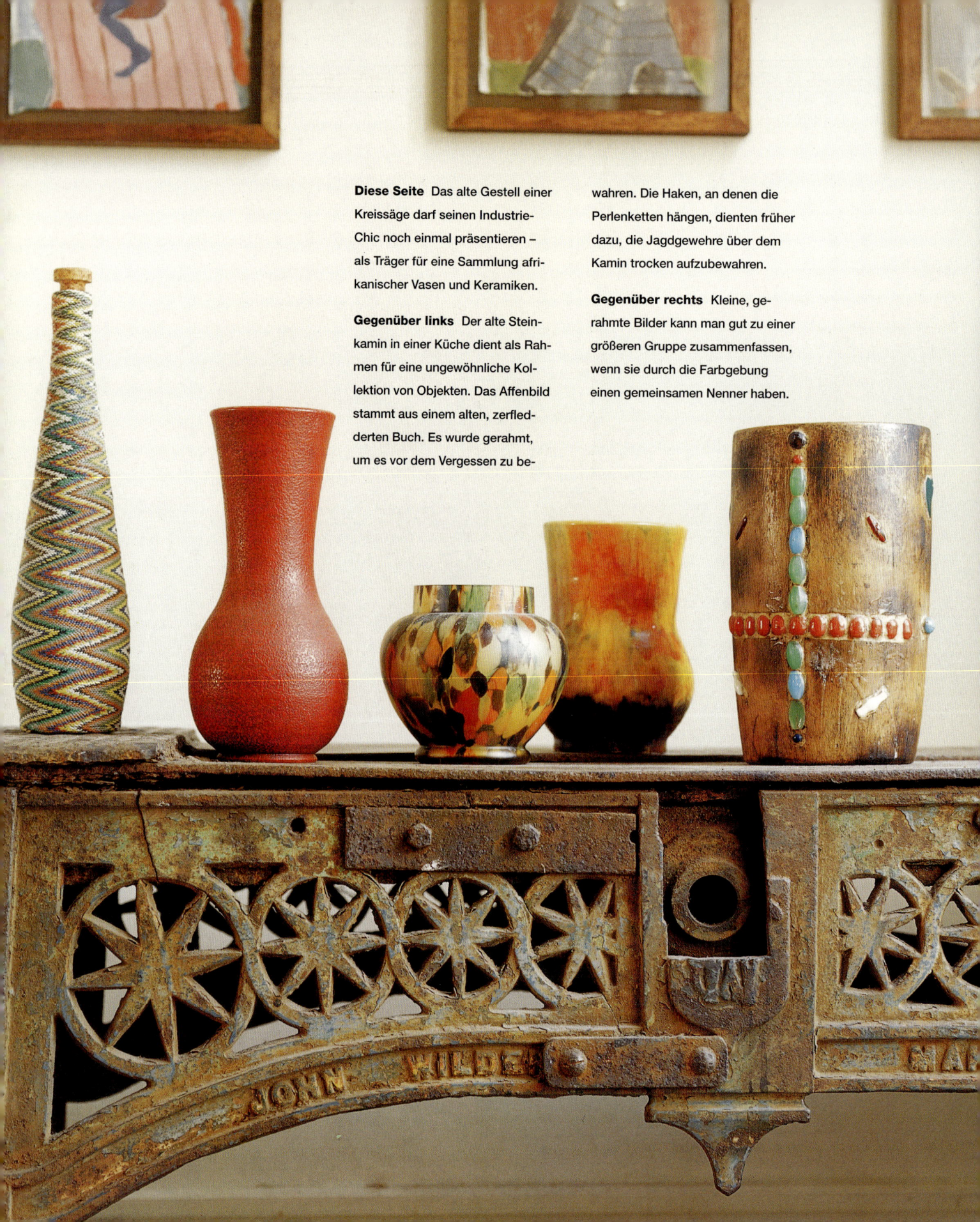

Diese Seite Das alte Gestell einer Kreissäge darf seinen Industrie-Chic noch einmal präsentieren – als Träger für eine Sammlung afrikanischer Vasen und Keramiken.

Gegenüber links Der alte Steinkamin in einer Küche dient als Rahmen für eine ungewöhnliche Kollektion von Objekten. Das Affenbild stammt aus einem alten, zerfledderten Buch. Es wurde gerahmt, um es vor dem Vergessen zu bewahren. Die Haken, an denen die Perlenketten hängen, dienten früher dazu, die Jagdgewehre über dem Kamin trocken aufzubewahren.

Gegenüber rechts Kleine, gerahmte Bilder kann man gut zu einer größeren Gruppe zusammenfassen, wenn sie durch die Farbgebung einen gemeinsamen Nenner haben.

eigene Sammlung ausstellen. Reisebegeisterte Sammler mögen vielleicht auch ein Sortiment alter Globen auf einem Regal, die beim Festlegen des nächsten Reiseziels helfen. Und alte Landkarten mit längst nicht mehr existierenden Straßen oder uralte Ansichtskarten bieten sich für ein Patchwork auf einer hässlichen Kühlschranktür an – oder zum Tapezieren einer ganzen Wand.

Denken Sie auch über Hintergrund und Rahmen Ihrer Präsentation nach. Details wie Perlmuttknöpfe, Maßbänder und andere Kurzwaren – vielleicht noch in der alten Verpackung mit dem Logo einer längst geschlossenen Fabrik – sehen in alten, auf einem Regal aufgereihten Gläsern hübsch aus. Eine Sammlung bunter Vasen im Retro-Stil ist auf der Fensterbank am besten aufgehoben, wo das Sonnenlicht die Farben zum Strahlen bringt. Alte Aussaatkästen aus Holz oder kleine Obstkisten lassen sich gut als Objektrahmen zweckentfremden. Sie könnten auch billige, witzige Gegenstände im musealen Stil in einem alten Apothekerschrank mit Glasfront, in alten Aquarien oder großen Glasvasen ausstellen. So präsentiert erinnern sie an den Stil des amerikanischen Künstlers Joseph Cornell, dessen skurrile Objekt-Collagen in Holzkisten ganz eigenartige Geschichten erzählen.

Diese Seite Das Material – ehrwürdig gealtertes Holz – ist das Element, welches eine Verbindung zwischen den Objekten dieser Gruppe herstellt. Zur Einheitlichkeit trägt auch der Hintergrund vertikal gestellter alter Brettern bei.

Gegenüber Dieses Arrangement völlig verschiedener Gegenstände zeigt, wie Farbe als Bindeglied eingesetzt werden kann. Das leuchtende Gelb, das einen spannenden Kontrast zu den alten Holzstücken bildet, wiederholt sich auch in den Feldern, die auf die Wand gemalt wurden.

VÖLLIG VERSCHIEDENE DINGE WIE BEISPIELSWEISE ZARTE KERAMIK UND ABGESPLITTERTE DRUCKSTÖCKE HARMONIEREN GUT, WENN SIE DIE GLEICHEN FARBEN HABEN.

Manche dekorativen Objekte kann man gut an Haken, Schlaufen aus Tauwerk oder feinem Edelstahldraht aufhängen. Ein einsamer Kinderschuh, dem sein Zwilling vor langer Zeit abhanden gekommen ist, wird so zur originellen Skulptur. Binden Sie einen leeren Gepäckanhänger daran und überlassen Sie es dem Betrachter, sich dazu eine Geschichte auszudenken. Ein Sammelsurium aus Glasperlen bleibt immer schön aufgeräumt, wenn man es auffädelt und an einem Haken glitzern lässt. Und wenn Sie ein schönes Kleid besitzen, verstecken Sie es nicht im Schrank, sondern hängen Sie es auf einem altmodischen Kleiderbügel an die Wand. Eine alte Schneiderbüste ist ebenso praktisch, um schöne Kleidung zu präsentieren und den Schmuck geordnet und griffbereit aufzubewahren. Manche Dinge, die nutzlos scheinen, muss man nur aus einem anderen Blickwinkel betrachten, um ihnen einen neuen Sinn zu geben. Ein alter Schuhspanner könnte zum Räucherstäbchenständer werden oder – indem man eine stabile Dokumentenklammer daran montiert – als Bilderhalter dienen. Wenn Sie eine schöne Teekanne entdecken, deren Deckel fehlt, kaufen Sie sie trotzdem und benutzen Sie sie als Vase.

Dekorationen aus Recycling-Objekten können sich ständig verändern, weil man sie nicht mit der gleichen Ehrfurcht behandeln muss wie Familienerbstücke. Gerade diese Wandelbarkeit macht ihren Reiz aus. Das Sortiment von Kuriositäten kann man nach Lust und Laune austauschen oder anders arrangieren und so dafür sorgen, dass die Wohnung immer wieder auf andere Weise interessant und abwechslungsreich wirkt – für viel weniger Geld, als man für eine Renovierung ausgeben müsste, und obendrein absolut im Sinne eines ressourcenschonenden Lebensstils.

Textilien

Textilien bieten sich zum kreativen Recycling in der Wohnung an, weil sich selbst kleine Reste auf verschiedenste Weise zweckentfremden, reparieren oder wiederverwerten lassen. Außerdem sind Stoffe als Gegengewicht ideal zum bisweilen harten Charakter anderer recycelter Objekte. Ein Kissen lässt einen alten Metallgartenstuhl am Esstisch gemütlicher wirken, und eine Patchwork-Tagesdecke macht allein durch den Materialkontrast ein derbes Eichenbett gleich um Längen gemütlicher.

Wenn Sie im Second-Hand-Shop, auf dem Flohmarkt oder bei einem Händler, der sich auf Textilien spezialisiert hat, alte Stoffe finden, eröffnen sich Ihnen ungeahnte Möglichkeiten. Ehe Sie aber viel Geld ausgeben oder sich gar in Schneiderfantasien verlieren, nehmen Sie Ihren Fund genau unter die Lupe. Es lohnt sich nicht, über ein Sortiment Sofakissen nachzudenken, wenn der Stoff einer Horde hungriger Motten als Mittagessen gedient hat, von der Sonne ausgeblichen und spröde ist oder hartnäckige Rostflecken aufweist. Möglicherweise kann man ihn dennoch gebrauchen – aber nicht unbedingt für das, was Sie ursprünglich im Sinn hatten. Wenn Sie sich

EIN SORTIMENT KISSEN MIT BEZÜGEN AUS UNTERSCHIEDLICH GESTREIFTEM MATRATZENDRELL SIEHT AUF DEM SOFA GUT AUS. WER ES GERN ETWAS BUNTER MAG, KÖNNTE KRÄFTIGE UNI-FARBEN MIT EINEM WILDEN, GEOMETRISCHEN MUSTER KOMBINIEREN.

entschließen, einen alten Stoff auszubessern, gehen Sie nicht zu diskret ans Werk. Zeigen Sie ruhig die Arbeit, die Sie sich machen. Unregelmäßige Stepp- oder Langettenstiche sehen dekorativ aus und passen bestens in ein Recycling-Ambiente. Außerdem sind sie viel einfacher auszuführen als feine, unsichtbare Stiche.

Alte Textilien können in allen Wohnbereichen zum Einsatz kommen. Ein Sortiment Kissen mit Bezügen aus unterschiedlich gestreiftem Matratzendrell sieht auf einem Sofa gut aus, zumal sie alle einen ähnlichen Charakter haben. Wer es

Gegenüber oben Eine alte Spitzen-Tischdecke macht auch als Gardine eine gute Figur. Ihr zarter Charakter kommt vor dem Fenster ausgezeichnet zur Geltung, und das feine Gewebe filtert das Sonnenlicht angenehm.

Gegenüber unten Diese Kissen mit Bezügen aus Drell passen gut zueinander, weil sich die einfachen Streifenmuster so schön kombinieren lassen. Legt man noch eine Fransendecke dazu, möchte es sich jeder gern gemütlich machen.

Diese Seite Die ruhige Atmosphäre dieses Raums rührt auch daher, dass der Streifenstoff der Matratze in der gleichen Richtung verarbeitet wurde wie die Bretter der Täfelung.

Diese Seite Stoffbahnen eines alten Strandzelts dienen hier als Vorhänge am Fenster. Die Flicken stehen ihnen ausgesprochen gut.

Gegenüber links Im Winter können auch Wolldecken als Vorhänge benutzt werden. Bedenken Sie aber, dass es nicht immer leicht ist, zwei gleiche zu finden – falls Ihnen das wichtig ist.

Gegenüber rechts Hängt man improvisierte Vorhänge mit Klammern an eine Stange, muss man den Stoff – oder das Leinen-Geschirrtuch – nicht beschädigen.

gern etwas bunter mag, sollte sich auf Stoffe einer bestimmten Epoche beschränken oder kräftige Uni-Farben mit einem wilden, geometrischen Muster kombinieren. Wenn Ihr Sofabezug seine beste Zeit hinter sich hat, könnten Sie alte Leinen- oder Nessellaken zu losen Überwürfen umfunktionieren und auf diesem hellen, neutralen Hintergrund auffälligere Kissen und Decken verteilen. Wer geschickter ist, kann sein Sofa mit verschiedenen alten Stoffen neu beziehen. Auch dabei dürfen die Nähte und Stiche ruhig sichtbar sein, schließlich steckt viel Arbeit darin. Bezüge aus einem Sortiment alter Stoffe stehen vor allem alten Sofas mit verschnörkelten Formen gut zu Gesicht. In jedem Fall sollten Sie dafür sorgen, dass das Sofa gemütlich ist. Legen Sie einige kuschelige Decken für kühle Winterabende bereit und verteilen Sie reichlich weiche Kissen mit Bezügen aus verschiedenen Stoffen. Gemütliche Kissenbezüge kann man auch aus Pullovern aus dem Second-Hand-Laden nähen. Vielleicht liegt sogar noch ein ver-

Gegenüber Eine ungewöhnliche Patchwork-Decke aus Stücken von Ton in Ton eingefärbtem Denim. Die groben, teilweise schräg verlaufenden Nähte sind Teil des Designs und tragen dazu bei, dass die Decke so ungezwungenlässig aussieht.

Diese Seite Mit einer Stola sieht das Bett gleich um Längen luxuriöser aus. Die rote Tischdecke ist ein Reisemitbringsel aus Usbekistan. Auf dem Kaminsims sind schwarze Samtschuhe dekorativ ausgestellt.

sehentlich in der Waschmaschine gewaschener, restlos verfilzter Wollpullover irgendwo im Schrank? Wer vor Kreativität platzt, könnte sich beim Raumausstatter auch alte Musterbücher mit Polsterbezugsstoffen besorgen und aus diesen Stücken Kissen oder ein Patchwork nähen.

Für Vorhänge braucht man größere Stoffbahnen. Wenn Sie keine makellosen Stücke finden, flicken Sie Schäden oder nähen Sie kleinere Teile einfach zusammen. Nicht ganz perfekte Vorhänge haben Charakter und passen gut in ein Recycling-Ambiente. Im Winter können Wolldecken als Vorhänge benutzt werden, im Sommer tauschen Sie sie einfach gegen Spitzendecken aus, die Licht und Wärme in den Raum lassen. Alte Leinen-Geschirrhandtücher geben schöne Vorhänge für kleine Fenster ab. Hängt man sie mit Klemmringen auf, kann man sie jederzeit abnehmen und für einen anderen Zweck nutzen. Betten bieten ebenfalls viele Einsatzmöglichkeiten für recycelte Stoffe. Reste von Kissen- und Vorhangstoffen reichen bestimmt noch für eine bunte Patchwork-Tagesdecke.

Auch Teppiche sorgen für Behaglichkeit, und sie müssen in einer Recycling-Wohnung keineswegs perfekt sein. Alte Kelims, die man sich auf einer Reise hat aufschwatzen lassen, kann man

SELBST DER KLEINSTE STOFFREST LÄSST SICH NOCH VERWERTEN, UM EINEM ZWECKMÄSSIGEN MÖBEL EINE PERSÖNLICHE NOTE ZU GEBEN. SCHUBLADENGRIFFE ODER STUHLKNÄUFE, SORGFÄLTIG MIT STOFFSTÜCKCHEN UMWICKELT, SEHEN AUSGESPROCHEN ORIGINELL AUS.

Gegenüber Setzen Sie kleine Stoffreste doch einmal als Blickfang an unerwarteter Stelle ein. So lassen sich selbst winzige Reste alter Stoffe noch nutzbringend verwenden. Hier wurden nur die Knöpfe mit kunterbunten Stoffresten bezogen, um dem klassischen »Barcelona«-Stuhl von Mies van der Rohe (unten) eine persönliche Note zu geben. Auf diese Weise kann man ein Lieblingsstück (oder ein weniger ansehnliches Möbel) ganz leicht aufpeppen und in ein äußerst individuelles Unikat verwandeln.

Ganz oben rechts Alte, abgenutzte Kelims wurden zerschnitten und zu einem einzigartigen Treppenläufer neu zusammengesetzt.

Oben rechts Der 100 Jahre alte Liegestuhl wirkt mit einer Patchwork-Decke aus vielen bunten Stoffresten gar nicht mehr so nobel und ehrwürdig.

beispielsweise zu einem großen Patchwork-Teppich zusammensetzen. Wer mag, zerschneidet sie und setzt sie so zusammen, dass die dekorativeren Teile den Rand bilden. Ebenso kann man auch mit anderen alten Teppichen und Teppichresten verfahren.

Wenn Sie all diese Projekte abgeschlossen haben, sind vermutlich nicht mehr viele Stoffreste übrig. Aber selbst der kleinste Fetzen lässt sich noch verwerten, um einem zweckmäßigen Möbel eine persönliche Note zu geben. Schubladengriffe oder Stuhlknäufe sehen, wenn man sie sorgfältig mit Stoffstückchen umwickelt, beispielsweise ausgesprochen originell aus.

Küche

Eine Küche aus recycelten Elementen ist ein wunderbar entspannter Ort, um bei einer Tasse Kaffee zu plaudern oder das Sonntagsessen vorzubereiten. Verabschieden Sie sich vom Konzept der geradlinigen Eintönigkeit moderner Einbauküchen, zumal freistehende Stücke wesentlich vielseitiger sind. Wer Fantasie hat und sich von vorgegebenen Funktionsdefinitionen löst, kann in der Küche die verschiedensten Möbel verwenden.

Gegenüber Lauter verschiedene Stühle an einem großen Tisch laden zum zwanglosen Essen ein. In dieser Küche in einem französischen Bauernhaus stehen Teller und Gläser offen bereit, sodass sich jeder selbst bedienen kann. Die Hängeleuchte mit dem »Schirm« aus einem alten Leinentuch wirft sanftes Licht.

Rechts Gewagte Kontraste: ein abgenutzter, aber noch brauchbarer Vorratsschrank neben modernen Edelstahlgeräten und einem Stoß Feuerholz.

Unten Für Licht über dem massiven Eichentisch mit den schlichten Bänken sorgt ein ungleiches Paar aus einem alten Kronleuchter und einer Leuchte mit gewelltem Glasschirm. Die eindrucksvolle Holztäfelung mit der senkrechten Streifenstruktur kam erst zum Vorschein, nachdem mehrere Schichten Verputz entfernt worden waren.

Was braucht man eigentlich in der Küche? Zunächst einmal reichlich Platz für die Vor- und Zubereitung der Speisen, außerdem viel Stauraum für jegliche Art von Küchenutensilien wie Töpfe, Pfannen, Teller, Flaschen, Schachteln und Teebeutel. Und natürlich einen Tisch, an dem man Platz nehmen und die liebevoll zubereiteten Mahlzeiten verspeisen kann. Und vielleicht auch ein warmes Eckchen für die Katze. Wenn die Bedarfsfrage

HABEN SIE EINEN ALTEN KLEIDERSCHRANK? MIT EIN PAAR NEUEN EINLEGEBÖDEN (NATÜRLICH AUS RECYCELTEM HOLZ) WIRD ER ZUM GERÄUMIGEN VORRATSSCHRANK.

geklärt ist, können Sie kreativ werden und überlegen, welche Möbel wo stehen und welche Funktion sie haben sollen. Am besten ist dabei immer eine gute Mischung von Ideen, die einfallsreiche Nutzung des Vorhandenen und das Brechen gängiger Regeln.

Wenn Sie einen alten Kleiderschrank finden, greifen Sie zu. Ein paar neue Einlegeböden (natürlich aus gebrauchtem Holz) genügen, um ihn in einen geräumigen Vorratsschrank zu verwandeln. Ist er gestrichen, beizen Sie ihn ab – nicht allzu penibel, denn scheckige Oberflächen bilden einen wunderbaren Kontrast zu den unvermeidlichen, aalglatten Küchenelementen wie Herd und Kühlschrank. Alte Ladentheken geben großartige Arbeitsflächen zum Schneiden und Anrühren ab und bieten obendrein reichlich Stauraum – je nach ursprünglicher Herkunft in Schränken oder Schubladen. Auch ausgemusterte Werkbänke sind ungemein praktisch. Meist haben sie großzügige Dimensionen und passen gut zu offenem Stauraum mit einer bunten Mischung aus Nudelpaketen in Emaille-eimern und Frühstücksflocken-Schachteln in Weidenkörben.

Wenn Ihnen ein Möbelstück vielversprechend erscheint, greifen Sie zu, auch wenn der Zustand etwas zu wünschen übrig lässt. Sieht der alte Ladentresen allzu mitgenommen aus, lässt er sich vielleicht mit einer Arbeitsplatte aus Edelstahl oder einer recycelten Schieferplatte aufmöbeln. Fehlt eine Schublade oder eine Tür, setzen Sie einfach alte Bretter ein – oder Streifen einer alten Tafel, auf denen man notieren kann, was wo verstaut ist. Die Hauptsache ist, dass Sie die Prinzi-

Oben links Kontrast ist das Zauberwort in der Recycling-Küche. Hier betonen sich die Oberflächen des alten Schranks und des modernen Kühlschranks gegenseitig.

Oben rechts Ein neuer Designer-Wasserhahn über einem alten Keramik-Spülbecken. Der Spülschrank ist aus alten Brettern gebaut.

Links Eine riesige Anrichte mit einem Sammelsurium aus weißem Geschirr. Über dem Tisch, um den lauter verschiedene Stühle gruppiert sind, hängen nackte Glühlampen.

Gegenüber Ein alter Ladentisch kommt als Kücheninsel zu neuen Ehren. Sein abgenutzter Anstrich sieht aus wie ein Patchwork. Für Kontrast sorgen der metallene Lampenschirm und der Herd.

Großes Foto Aus uralten, herrlich verwitterten Fensterläden wurden die Schranktüren gebaut, hinter denen weniger attraktive Küchenutensilien verschwinden. In den offenen Fächern steht eine Mischung aus schönem Keramikgeschirr.

Links Alte Holz-Schneidebretter und Mörser in verschiedenen Größen sind rings um die Spüle versammelt.

Unten links Rostige, verbogene Nägel halten die Teller an ihrem Platz. Dieses »Tellerregal« aus einer alten Palette ist ein gutes Beispiel für gelungenes Recycling.

Eine alte Werkstattleuchte mit einem simplen Gitter als Schutz für die Glühlampe lässt sich auf vielerlei Weise sinnvoll in der Wohnung verwenden. Alte Leuchten sollten jedoch immer neu verkabelt werden.

Gegenüber links Dünner, glänzender Edelstahldraht dient als Aufhängung für die Leuchte. Sein filigraner Charakter bildet einen interessanten Kontrast zu dem derben Eisengitter.

Gegenüber rechts Der unverschnörkelte Industrie-Charakter dieses Schlafzimmers beruht auf den simplen Möbeln, die aus recycelten Materialien bestehen. Der Nachttisch besteht aus gelochten Eisenprofilen und Stücken von Gerüstbohlen, das Bettgestell aus Gerüststangen. Dazu passt nichts anderes als reinweiße Bettwäsche.

Diese Seite Durch den Fuß aus altem Holz und einer zum Haken gebogenen Eisenstange wirkt die Werkstattleuchte etwas weicher. Kabel mit Textilummantelung sehen erheblich attraktiver aus als hässliche PVC-Isolierungen.

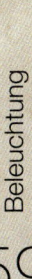

Elemente 59 Beleuchtung

IN OFFENEN REGALEN KÖNNEN TELLER, SCHÜSSELN ODER GLÄSER ZUR SCHAU GESTELLT WERDEN, DIE ZU HÜBSCH SIND, UM SIE HINTER SCHRANKTÜREN ZU VERSTECKEN.

pien des Recycling-Wohnens im Kopf behalten: wiederverwenden, ausbessern beziehungsweise reparieren oder umfunktionieren anstatt wegwerfen.

Ein verschrammter Industrie-Rollwagen beispielsweise kann als flexibles Stauraum-Möbel oder Gemüsekorb auf Rädern noch gute Dienste tun.

Spinde mit Drahtgittertüren, wie man sie aus alten Turnhallen kennt, können ebenso gut für den Weinvorrat benutzt werden, und ein Rollwagen aus einem Schuhgeschäft fährt auch Töpfe und Pfannen in Reichweite. In offenen Regalen kann man eine Sammlung schöner Teller, Schüsseln und Gläser zur Schau stellen, die zu schön aussieht, um sie hinter Schranktüren zu verstecken. Und alles ist bequem zur Hand. Die Lieblingsteller sind in einer an die Wand gehängten Holzpalette bestens aufgehoben, und alte Fenster eignen sich ausgezeichnet als Fronten für Hängeschränke, in denen Hübsches sichtbar, aber staubgeschützt verwahrt wird.

Durch das Recycling von Möbeln spart man eine Menge Geld, das man in moderne, vorzugsweise freistehende Haushaltsgeräte investieren kann. Leisten Sie sich Qualität und achten Sie auf eine gute Energieeffizienz. Denken Sie einmal über einen Profi-Herd nach: Er ist robuster als ein gewöhnliches Haushaltsmodell und hält ein Leben lang. Geräte aus dem Gastronomiebedarf haben oft Rollen, sodass man auch hinter ihnen leicht sauber machen kann. Außerdem passt ihre schnörkellose, funktionale Optik gut zu den charaktervollen Gebrauchsspuren recycelter Möbel und Utensilien. Alte Küchenherde sind auch heute noch erhältlich, man sollte sie aber aus Sicherheitsgründen unbedingt von einem Fachmann generalüberholen lassen.

Große Spülbecken aus Keramik sind seit Jahren beliebt und darum beim Trödler nur noch selten zu finden. Zum Glück werden sie heute noch mit traditionellen Verfahren hergestellt. Allein wegen ihres Formats, das Bewegungsfreiheit beim Spülen gibt, sind sie sehr praktisch. Und der Kontrast mit modernen, originell geformten Wasserhähnen steht ihnen gut. Besonders robust und langlebig sind Armaturen für den industriellen Bedarf, und Modelle mit ausziehbarer Brause tun in der Küche die allerbesten Dienste. Von alten Wasserhähnen dagegen ist abzuraten, weil ihre Funktion durch den jahrelangen Gebrauch beeinträchtigt sein kann.

Wenn die Grundeinrichtung einer Küche zusammengestellt ist (oder eine übernommene

Gegenüber links Alte Schließfächer aus einer Schule, knapp über dem Boden aufgehängt, bieten in dieser ausschließlich mit »Fundstücken« eingerichteten Küche reichlich Stauraum.

Gegenüber rechts, oben und unten Ein Sortiment verschiedener Haken ist praktisch zum Aufbewahren von Gummibändern und anderen Kleinigkeiten, die man nie findet, wenn man sie braucht.

Oben rechts Wie in einer Profiküche sind hier die Messer – alte und neue – an einer Magnetleiste griffbereit aufbewahrt.

Rechts In dieser Küche wurde jeder Zentimeter ausgenutzt. Aufeinander gestapelte Schrankwürfel dienen als Unterschränke, die ausziehbare Leiter führt zu Stauraum auf höherer Ebene.

Gegenüber oben, rechts und links Holzschränke aus gesandstrahlten Gerüstbohlen bilden ein schönes Gegengewicht zu Küchenelementen im Industrie-Stil. Der Kasten für kleine Utensilien wurde aus Holzresten gebaut.

Gegenüber unten links Ein traditioneller Tisch mit gedrechselten Beinen und passenden Stühlen.

Gegenüber unten rechts Ein Stuhl wurde auf traditionelle Weise mit einem Stück Blech repariert.

Diese Seite und Detailfotos gegenüber Ein alter Holztisch hat eine neue Platte aus dünnem Stahlblech bekommen. Die Nüchternheit von Tisch und nackter Glühbirne wird durch die Kombination zierlicher Stühle ausgeglichen, die der große Spiegel mit dem abgewetzten Rahmen reflektiert.

Diese Seite Alte amerikanische Deckenpaneele mit Reliefmuster bilden den Unterbau der Kücheninsel mit Edelstahlplatte. Die Bodenplatten sind ein Recycling-Produkt aus Marmor- und Granitchips. Die blanke Arbeitsfläche, der sachliche Tisch und die Industrie-Leuchte sorgen für das richtige Maß an Kontrast.

Gegenüber Die Form der Stühle ist einheitlich, aber durch die verschiedenen Bretter wirkt jeder einzelne dennoch wie ein Unikat. Die alte französische Fabrikleuchte mit der auf Putz verlegten Zuleitung sieht zugleich originell und zweckmäßig aus.

Einbauküche individueller hergerichtet ist), folgt nun der Teil, der Spaß macht: die Ausstattung mit recycelten Accessoires und Utensilien. Früher wurde bei der Herstellung von Küchenzubehör Wert auf Haltbarkeit gelegt, es gibt also noch viele Utensilien, die nur darauf warten, wiederentdeckt zu werden. Eine kunterbunte Mischung wirkt viel lässiger als ein komplettes Service. Eine verschnörkelte Silbergabel, die perfekte Partnerin für einen schrill gemusterten Teller aus den 1960er Jahren, bewahrt man am besten mit ihren Kolleginnen in einem alten Einweckglas auf. Wenn Sie eine mechanische Kaffeemühle mit Schublade finden, greifen Sie zu – höchstwahrscheinlich funktioniert sie noch. Emaille-Kochgeschirr oder Milchflaschen mit dem Schriftzug längst nicht mehr existierender Molkereien sind genau richtig als Blumenvasen für die Recycling-Küche.

Diese Seite Offene Regale geben afrikanischer Keramik den geeigneten Rahmen. Die ungleichmäßigen Stapel aus Tellern und Schüsseln in erdigen Gelb-, Grün- und Brauntönen bilden in dem sachlich-geradlinigen Regal einen schönen Farbakzent. Die extradicke Arbeitsplatte steuert industrielle Sachlichkeit bei und passt gut zum Holzkohle-Grill.

Kleines Foto Erst auf den zweiten Blick erkennt man die welligen Ränder der handgemachten, weißen Teller. Auch die mundgeblasenen Glaskaraffen haben leichte Schlagseite.

Oben Diese Küche zeigt, dass auch ein moderner Stil einen guten Hintergrund für liebevoll zusammengetragene Lieblingsstücke bilden kann. Der Recycling-Charme liegt hier im Detail. Durch die klare Trennung der verschiedenen Sammlungen, die weißen Wände und die glatte Platte des großen, nach Maß gebauten Tisches wirkt die Küche aufgeräumt und ruhig.

Auch beim Essen geht es locker zu. Eine makellose Tischdecke mit passenden Servietten brauchen Sie nicht. Viel wichtiger ist ein großer Tisch, an dem viele Personen Platz finden. Kaufen Sie den größten Tisch, den Sie finden können, selbst wenn Sie dazu die Wand zum Esszimmer durchbrechen müssen. Eine geräumige Küche ist ungemein gesellig, und es ist bestimmt immer jemand da, mit dem Sie plaudern können, während Sie Risotto rühren. Wenn Sie keinen großen Tisch finden können, kaufen Sie zwei. Es dürfen auch gern verschiedene sein – das passt ins Recycling-Konzept. Haben Sie einen schönen Holztisch entdeckt, dessen Beine etwas klapprig geworden sind? Montieren Sie die Platte einfach auf einen stabileren Unterbau. Er passt nicht perfekt? Umso besser! Natürlich können Sie sich auch einen Tisch bauen lassen, der Ihren Wünschen (und Ihrer Küche) entspricht. Experimentieren Sie mit Texturen und

Materialien und kombinieren Sie, was Sie finden können. Verwenden Sie Bodendielen als Tischplatte und decken Sie die Kanten nicht mit Umleimer ab, sodass man die Maserung sieht. Verblüffend elegant sieht auch ein Tisch mit einer dünnen Metallplatte auf einem derben Gestell alter Gerüstbohlen aus.

Stellen Sie rings um den großen Esstisch eine Sammlung verschiedener Stühle auf. Es darf ruhig so aussehen, als hätten Sie Freunde zum Essen eingeladen und gebeten, dass jeder seinen eigenen Stuhl mitbringt. Sie vertragen sich gut miteinander – der strenge, moderne Stuhl mit dem verschnörkelten Gartenstuhl und der französische Klassiker mit dem eleganten Esszimmerstuhl. Auch bei den Sitzgelegenheiten können Sie improvisieren. Ein verwitterter Eichenblock taugt gut als Hocker und bildet einen originellen Kontrast zu einem staksigen, vierbeinigen Nachbarn. Ein alter Industrie-Hocker mit unbrauchbarem Sitz kommt zu neuen Ehren, wenn Sie ihm einen neuen Holzsitz spendieren. Und wenn die Sammlung dieser verschiedenen Stühle noch mit gemütlichen Kissen aus alten Stoffen ausgestattet ist, steht niemand so schnell wieder auf.

In der Küche ist es wichtig, genau zu sehen, was man tut – daher spielt die Beleuchtung eine wichtige Rolle. Industrie-Leuchten oder alte Schiffsleuchten von seegängigen Jachten oder Ozeandampfern leuchten den Raum großflächig aus. Dazu passen Strahler oder Scherengelenk-Leuchten, die eigentlich für den Schreibtisch gedacht sind. Weil sich Küche und Essplatz oft in einem Raum befinden, braucht man sowohl helles Arbeitslicht als auch stimmungsvolles, sanfteres Licht zum Essen. Nackte Glühlampen an umsponnenen Kabeln passen zum zweckmäßigen Charakter der Küche, sollten aber mit einem Dimmer reguliert werden können. Als Kontrast könnten Sie dazu über dem Esstisch einen alten Kronleuchter aufhängen.

Gegenüber Auch für eine durchgeplante Küche kannt man Recycling-Materialien verwenden. Alte Backsteine rahmen hier Spülmaschine und Herd ein und tragen praktische Regalböden mit Aufbewahrungskörben.

Diese Seite Ein rustikales Board aus alten Gerüstbohlen, die von einem natürlich gewachsenen Ast (und einigen versteckten Haken und Scharnieren) an ihrem Platz gehalten werden. Das Board mit den schönen Karaffen und Tellern strahlt ebenso viel Ruhe aus wie das Stillleben, das über ihm hängt.

Wohnzimmer

Ein Wohnzimmer im Recycling-Stil hat nichts mit einem steifen Salon gemeinsam. Hier soll man sich wohlfühlen, am Feierabend ein gutes Buch genießen können – oder auch mal ums Sofa tanzen. Ein Wohnzimmer ist für seine Bewohner da, muss gemütliche Sitzplätze und viel Stauraum bieten sowie das Gefühl vermitteln, dass man seine Schuhe von sich werfen kann, ohne sich zu sorgen, wo sie landen.

Im Wohnzimmer fließen alle Aspekte des Recycling-Stils zusammen. Verschiedenste Texturen und Textilien stehen in friedlicher Eintracht nebeneinander und vermittelt entspannte Zwanglosigkeit. Im Wohnzimmer kann man seine Persönlichkeit ausleben, weil man hier einen großen Teil seiner Freizeit verbringt. Was man braucht, muss leicht zugänglich sein – aber dabei darf der Raum nicht unordentlich wirken, sonst bleibt die Entspannung auf der Strecke. Ein paar Plätze, um Lieblingsstücke zur Schau zu stellen, sollten allerdings vorhanden sein.

Im Recycling-Wohnzimmer bildet das Sofa das Zentrum der Inaktivität. Ehe Sie ein altes Sofa vor dem Sperrmüll retten, sollten Sie unbedingt probesitzen. Nehmen Sie Platz und hoffen Sie, dass Sie nicht unversehens von einer verirrten Sprungfeder gestochen werden.

Gegenüber oben links Dieses Sofa wurde mit Liebe zum Detail neu bezogen, selbst die gedrechselten Füße sind mit Stoff umhüllt. Der Bezug ist neu, wirkt aber keineswegs perfekt – dafür sorgen die nach außen gewandten Nahtzugaben und die groben Stiche.

Gegenüber oben rechts Zwei mächtige Sofas im hellen Sonnenlicht vor den bodentiefen Fenstern laden zum gemütlichen Beisammensitzen und Plaudern ein.

Gegenüber unten links Ein Sesselbezug aus robustem, weißem Leinen, zusammengenäht mit unprätentiösem Bindfaden.

Gegenüber unten rechts Der französische Gartentisch mit den schwungvollen Beinen macht auch im Wohnzimmer neben dem stattlichen Sofa eine gute Figur.

Diese Seite Dieser Raum könnte sehr konventionell wirken, wenn da nicht die Details im Recycling-Stil wären: auf Links gedrehte Bezüge, ein alter Sägetisch in der Ecke und zahlreiche Reisemitbringsel.

Links Dieses Recycling-Wohnzimmer wirkt zwanglos und lässig, durch die Naturmaterialien, ausgefransten Kanten und schnörkellosen Möbel zugleich aber auch beruhigend. Der Werbeschriftzug stammt von einem Fahrradgeschäft in Wales, auf dem Kaminsims stehen alte Hutständer und eine Gießkannen-Tülle.

Rechts Hölzerne Obstkisten als praktische Aufbewahrung für Bücher und Kleinigkeiten.

WENN SIE KEINE KAMINUMRAHMUNG HABEN ODER DIESE ABER UNANSEHLICH IST, BRINGEN SIE EINFACH LEICHT GESCHLIFFENE EICHENKANTHÖLZER AN. EIN KAMIN BESTIMMT DIE RAUMATMOSPHÄRE UND MUSS DARUM MIT BEDACHT GESTALTET WERDEN.

Ein altes, aber stabiles Sofa sollten Sie nicht wegen seines schauderhaften Bezugs abschreiben. Gönnen Sie ihm lieber einen neuen Bezug in einer neutralen Farbe. Grobes Naturleinen ist sehr strapazierfähig. Nähen Sie den Bezug mit übergroßen Stichen, sichtbaren Nahtzugaben und Schnittkanten, und flicken Sie den Stoff, wo es nötig ist. Ein Bezug, der aussieht, als sei er auf links aufgezogen, vermittelt etwas Ehrliches, das gut zur Recycling-Philosophie passt. Die Sitzmöbel dürfen ruhig etwas abgewetzt aussehen. Vor allem alten Ledersofas und Clubsesseln stehen die Spuren des Alters gut. Dazu passen alte amerikanische Liegestühle, eigentlich geschaffen, um Limonade auf der Veranda zu schlürfen. Ein Diwan mit schnörkeligem Eisengestell kann mit einer Einlage aus stabilen Latten, einer Matratze mit Drellbezug, Wolldecken und Kissenbezügen aus alten Stoffen zu einem gemütlichen Sofaersatz werden. Völlig verschiedene Materialien und Stile können sich erstaunlich gut vertragen.

Wenn Sie ein neues Sofa anschaffen wollen, kaufen Sie das größte Modell, das Sie sich leisten können und das in den Raum passt. Bei der Form haben Sie die freie Wahl, aber bedenken Sie, dass schlichte Modelle dem Stil eines Recycling-Wohnzimmers am besten entsprechen. Bogenkanten, Rüschen und Fransen sehen zu verputzten Wänden und abgebeizten Böden nicht gerade überzeugend aus. Ideal ist auch ein Bezug aus neutralfarbigem Leinen. Für Farbtupfer empfehlen sich bunt gemusterte Kissen, die sich leichter austauschen lassen als ein Sofa, wenn man sich an den Farben einmal sattgesehen hat.

Links Durch die konsequente Beschränkung auf die Farben Blau, Schwarz und Weiß bekommt diese Raumgestaltung eine fast grafische Anmutung. Hier fallen ungewöhnliche Recycling-Schätze wie die Treibholz-Skulptur oder die Lacktruhe, die als Couchtisch dient, besonders ins Auge.

Gegenüber Kissen in verschiedenen Größen und Formen setzen willkommene Farbakzente auf dem neutralen Sofa. Ihre Farben wiederholen sich in der Collage aus Stückchen von farbigem, handgeschöpftem Papier.

SÄGEN SIE DIE BEINE EINES WACKLIGEN TISCHES AB ODER SCHLEIFEN SIE VON EINER ALTEN ARCHIVBOX DIE FARBE AB, UM DIE METALLOBERFLÄCHE FREIZULEGEN – UND FERTIG IST DER COUCHTISCH.

Falls Budget und Raumgröße es erlauben, stellen Sie zwei oder sogar drei Sofas in angenehmer Plauderdistanz auf. Und ist ein Kamin vorhanden, richten Sie die Möbel nach ihm aus. Stellen Sie sich einfach vor, wo Sie gern an einem Winterabend sitzen würden. Wenn die Kaminumrahmung fehlt oder hässlich ist, gehen Sie beim Händler für historische Baumaterialien auf die Suche nach einem traditionellen Gusseisen-Modell, oder bauen Sie eine robuste Umrahmung aus abgeschliffenen, dicken Eichen-Kanthölzern.

Sind die Sofas aufgestellt, fehlt nur noch ein niedriger Tisch zum Abstellen der Teetassen. Wir reden hier nicht über hochglanzlackierte Ensembles von Beistelltischchen, sondern über schlichte Alternativen. Sie könnten einfach die Beine eines alten Tisches kürzen oder eine alte Metallkiste abbeizen, sodass die verkratzte, leicht glänzende Oberfläche zu Tage tritt. Solche Kisten haben die perfekte Couchtisch-Höhe und bieten obendrein praktischen Stauraum. Zusätzliche Ablagemöglichkeiten in verschiedenen Höhen sollten auch nicht fehlen. Verschnörkelte Metall-Gartentischchen bilden einen schönen Kontrast zu einem wuchtigen Sofa. Auch ein alter Drehhocker, auf niedrigste Höhe eingestellt, kann gute Dienste tun. Zeitschriften sind in flachen Körben, vielleicht mitgebracht von Reisen ins Ausland, gut aufgehoben. Scheuen Sie sich nicht, vermeintlich widersprüchliche Stilelemente zu kombinieren – genau das macht den Recycling-Charme aus.

Diese Seite Dieses Sofa ist die Recycling-Variante von Sitzelementen. Es besteht aus stabilen Holzbrettern und den Endstücken eines alten Krankenhausbetts. Die neutrale Farbgebung sorgt dafür, dass die verschiedenen Stile in diesem Raum harmonieren.

Gegenüber oben Zu Sitzelementen aus recycelten Materialien passt auch der majestätische Sessel vor dem Fernseher, der fast wie ein Kunstobjekt wirkt. Teile seiner Polsterung sind ihm abhanden gekommen, sodass die Metall-Unterkonstruktion sichtbar ist. Auf den weichen Kissen macht es sich auch die Katze gern zur Siesta bequem.

Gegenüber unten Liebe zum Detail ist das Schlüsselwort in diesem hellen, freundlichen Raum. Sitzbank und Fußleisten wurden aus dem gleichen Holz gebaut und wirken wie aus einem Guss.

Rechts Ein klassischer Sessel mit einem originellen Patchwork-Bezug aus gestreiftem Drell und gestepptem Leinen. Das Regal hat Einlegeböden aus Stahlplatten.

Gegenüber Ein ramponierter Clubsessel und eine rostige Metallbank geben in diesem maskulinen Wohnzimmer ein gutes Paar ab. Als originelle Dekorationsobjekte dienen ein großes Modellflugzeug an der Decke, ein Leder-Medizinball sowie ein alter Motorradhelm mit Brille.

Unten Die Husse dieses Sessels ist mit Bindfaden verschnürt, der durch große Metallkauschen gefädelt ist. Ein Regal aus Treibholz passt ausgezeichnet zur Farbpalette in diesem Wohnraum.

Weil man im Wohnzimmer so viele verschiedene Dinge tut, ist Stauraum ein besonders wichtiges Thema. Bücher und die Musiksammlung müssen untergebracht werden. Dafür eignen sich Obstkisten aus Holz, die man in fast beliebiger Anzahl an die Wand hängen oder aufeinander stapeln kann. Auch in alten Metall-Archivboxen lässt sich allerlei verstauen. Oder hätten Sie lieber eine mobile Bibliothek in einem alten Industrie-Rollwagen?

Wenn all die Alltagsnotwendigkeiten verstaut sind, können Sie sich darauf konzentrieren, Lieblingsschätze zu präsentieren. Dafür ist das Wohnzimmer der beste Ort. Ordnen Sie Objekte in verwandten Farben auf weißen Regalen an oder reservieren Sie eine Tischplatte für eine Sammlung von Fundstücken. Bücher und Schallplatten können Sie immer noch darunter verstauen. Hängen Sie Bilder in Gruppen an neutralfarbige Wände, und wählen Sie nur Bilder, die Ihnen wirklich etwas sagen – ob sie nun zu den Möbeln passen oder nicht. Bezahlbare Originale findet man in kleinen Galerien und bei den Ausstellungen, die zu Semesterschluss an vielen Kunstschulen veranstaltet werden. Natürlich können Sie auch selbst künstlerisch aktiv werden und beispielsweise aus einer Sammlung von Strandfunden eine Skulptur kreieren.

Die Beleuchtung des Wohnzimmers sollte sich den verschiedenen Tätigkeiten anpassen.

Viele Einzelleuchten sind vorteilhafter als eine einzige Leuchte mitten an der Decke und erzeugen auch eine gemütlichere Atmosphäre. Allerdings brauchen Sie dafür eine Menge Steckdosen. Kombinieren Sie Leuchten in verschiedenen Stilen. Sachliche Modelle im Industrie-Stil sind hilfreich, um einen Kontrast zu dem zwangsläufig weicheren Ambiente zu schaffen, und harmonieren auch mit klassischen Stehleuchten, die man wunderbar aufpeppen kann. Geschwungene Stehleuchten im Stil der 1960er Jahre, die über die Sessellehne ragen, sind angenehm zum Lesen. Verschiedene Stimmungen lassen sich mit klaren und kopfverspiegelten Glühlampen erzeugen. Mattglas-Lampen sollten Sie aber vermeiden. Und für gemütliche Winterabende sind Kerzen und Kaminfeuer natürlich die stimmungsvollste Beleuchtung.

Badezimmer

Nirgends nimmt man Kontraste so hautnah wahr wie im Bad. Darum lohnt es sich, hier mit verschiedenen Materialien und Oberflächen zu experimentieren. Einige größere oder kleinere recycelte Objekte, die nicht unbedingt zur üblichen Ausstattung eines Bades gehören, sorgen für Witz und Individualität. Immerhin ist das Bad ja auch ein Raum, in den man sich zurückzieht, wenn man von der Welt einmal gar nichts sehen will.

Diese Seite Alte Reitstiefel haben eine neue Aufgabe bekommen – als Toilettenpapierhalter. Der sanft-kalkige Charakter der nicht allzu perfekt abgeschabten Wände kontrastiert mit den makellos weißen Sanitärobjekten. Pflegeprodukte sind in einem ungewöhnlichen Regal verstaut.

Gegenüber oben links Simple Knebel-Wasserhähne unter einem großen Spiegel mit altem Rahmen.

Gegenüber unten links Eine alte Marmorplatte auf steinernen Balustern – und fertig ist der Waschtisch. Die Fliesen des Spritzschildes lagen früher einmal auf einem Boden – diese Spuren tun ihrer Eleganz jedoch keinen Abbruch.

Das Bad sollte ein stiller, entspannender Ort der Reinigung und Pflege sein, darum darf es nicht zum Stiefkind der Wohnungsausstattung verkommen. Hinterfragen Sie einmal Ihre Vorstellungen von einem Bad. Warum von oben bis unten Fliesen? Roh verputze Wände haben viel mehr Charakter. Sie können die scheckige Oberfläche mit einer flexiblen Versiegelung wasserfest beschichten, aber dabei geht das kalkige Erscheinungsbild des Verputzes verloren. Eine einzige Wand, von der Tapeten und Farben abgekratzt werden, wirkt neben konventionellen Flächen

Oben Eine moderne Waschschüssel auf einem alten Holztisch aus einer Bäckerei. Auf dem Spiegelrahmen, der einmal unter kunstvoll verschnörkeltem Stuck verborgen lag, ist ein Kriegsschiff vor Anker gegangen.

schon reizvoll. Auch eine Täfelung aus gebrauchten Profilbrettern sieht im Bad gut aus, sollte aber auf eine Wand beschränkt bleiben, damit sie nicht zu dominant wirkt. Altes Holz vermittelt Wärme und lässt die Wände atmen, was im Bad ein unschätzbarer Vorteil ist. Zu strukturierten Wänden sehen mattweiß gestrichene Bodendielen am besten aus. Sie reflektieren Licht und lassen den Raum größer wirken, außerdem fühlen sie sich unter nackten Füßen schön warm an.

Ist die Frage von Wänden und Boden geklärt, kommen die Sanitärobjekte an die Reihe. Gehen Sie auf die Suche nach einer alten Rollrand-Badewanne mit Greifenfüßen – oder einer neuen Reproduktion. Von alten Wasserhähnen sollten Sie aber die Finger lassen. Viele sind restlos abgenutzt und durch neue Dichtungsringe nicht mehr zu retten. Im Handel findet man viele Armaturen im traditionellen

Gegenüber In diesem Bad fallen viele Details erst auf den zweiten Blick ins Auge. Der extrem strenge Wasserhahn bildet einen starken Kontrast zur Wanne mit den Greifenfüßen. Ein Hutständer kann auch Toilettenpapier bereithalten, und die Klobürste ist in einem alten Blumentopf gut aufgehoben. Die Seife hat in einem abgestoßenen Metallregal aus einer Zahnarztpraxis ihren Platz.

Diese Seite Eine Wannenablage aus einem Stück von einer alten Leiter und einer Heringskiste. So sieht kreatives Recycling aus!

FEHLT IHRER ALTEN WANNE EIN BEIN, MONTIEREN SIE SIE DOCH EINFACH AUF DICKE, VERWITTERTE KANTHÖLZER.

Oben links Reste von Eichenkanthölzern und ein Bohrer – fertig sind die Zahnbürstenhalter.

Oben rechts Ein Werkstatttisch wird mit einer strengen Porzellanschale und einer modernen Armatur zum originellen Waschtisch.

Gegenüber Statt senkrecht wie in einer Sauna wurden hier abgetretene Bodendielen waagerecht an der Wand befestigt. Der Fußboden wurde geschliffen und einfarbig gestrichen, um ein optisches Gegengewicht zu schaffen. Der alten Wanne fehlten die Beine, darum bekam sie einen Unterbau aus robusten Balken.

Stil, aber auch moderne, sachliche Wasserhähne sehen zu einer altmodischen Wanne erstaunlich gut aus.

Wenn Sie eine alte Wanne finden, der ein Bein fehlt, wenden Sie sich nicht gleich ab, sondern überlegen Sie, Ihr einen Unterbau aus dicken, verwitterten Kanthölzern zu verpassen. Kleine Schäden an der Emaille lassen sich mit Speziallack aus dem Modellbaubedarf leicht beheben. Auch zum Entfernen von Rost werden moderne, wirksame Produkte angeboten. Eine stark ramponierte Wanne sollten Sie aber stehen lassen, denn das Erneuern der Emaille ist teuer und wird nur noch von wenigen Betrieben ausgeführt. Ist gar kein altes Modell zu finden, schauen Sie sich nach neuen Wannen im traditionellen Stil um, die von verschiedenen Herstellern angeboten werden. In einem kleinen Bad könnte eine an der Wand installierte Wanne mit einer Verkleidung aus gebrauchten Brettern ein Recycling-Image bekommen.

Diese Seite Der elegante Unterschrank mit dem eingelassenen Waschbecken besteht aus alten Holzbohlen. Er wirkt leicht, weil er vor der Wand zu schweben scheint. Die Türen laden zu einem zweiten Blick ein, denn sie sind mit ganz unterschiedlichen Griffen ausgestattet.

Gegenüber Auch dieser Waschtisch wurde aus alten Bohlen gebaut. Die Wände haben keinen Anstrich, der Mosaikboden besteht aus Schiefer.

127 Räume Badezimmer

Gegenüber Dieser Garten-Duschraum in der Ecke einer einseitig offenen Scheune besteht komplett aus Recycling-Materialien, darunter alten Bodendielen und gebrauchter Holztäfelung. Ein idealer Ort, um matschige Kinder und Hunde zu säubern, ehe sie ins Haus kommen.

Rechts In diesem Bad sorgen verschiedene, teilweise blinde und in unterschiedlichen Neigungswinkeln aufgehängte Spiegel für morbide Grandezza. Ein alter Leinensack dient als Bademattte, das Waschbecken ist ein Original aus den 1940er Jahren.

Waschbecken bieten mehr gestalterischen Spielraum. Ein modernes Waschtisch mit schlichter Armatur sieht beispielsweise auf einem alten Arbeitstisch aus einer Bäckerei interessant aus. Auch eckige Becken im Stil alter Handsteine sieht man immer öfter im Badezimmer. Zu ihrem robusten Aussehen passt am besten ein Unterbau aus dicken Holzplanken. Für ein kleines Bad empfiehlt sich ein Becken mit Untergestell aus verchromtem Rohr, das leicht und zierlich wirkt – und Möglichkeiten zum Aufhängen feuchter Handtücher bietet.

Im Bad muss es behaglich warm sein. Alte Heizkörper kauft man am besten dort, wo sie gerade ausgebaut wurden. Bei Händlern für gebrauchte Baumaterialien haben sie möglicherweise monatelang in der Kälte gestanden und im schlimmsten Fall Frostrisse bekommen. Kaufen Sie im Zweifelsfall lieber neue Heizkörper aus Gusseisen oder Stahl und erkundigen Sie sich beim Fachmann, welche Heizleistung für die jeweilige Raumgröße notwendig ist.

Spiegel verstärken das Tageslicht und eignen sich gut, um Recycling-Atmosphäre ins Bad zu bringen. Verschnörkelte Goldrahmen stehen Spiegeln bestens und bilden einen wunderbaren Kontrast zum zweckmäßigen Charakter des Bades. Je größer die Zahl der Spiegel und der unterschiedlichen Stile, desto besser. Für Ordnung im Bad sorgt eine Holzleiter als Handtuchständer. Sie könnten auch eine alte, schadhafte Holzleiter passend zuschneiden und eine Aussaatkiste zum Ablegen von Kleinigkeiten anschrauben. Für Pflegemittel sind kleine Industrie-Rollwagen oder Medizinschränkchen praktisch.

Schlafzimmer

Im Schlafzimmer wünscht man sich Ruhe und Entspannung. Das gestalterische Ziel besteht darin, eine Umgebung zu schaffen, die den nächtlichen Schlaf fördert – und dessen Bedeutung darf man nicht unterschätzen. Sie brauchen nicht mehr als ein paar recycelte Fundstücke und etwas Fantasie, um ein behagliches Nest zu schaffen, in dem man am Sonntag gern etwas länger liegen bleibt … selbst wenn noch der Rest des Hauses »ent-dekoriert« werden muss.

Links Dieses schlichte Bett besteht aus massiven Eichenbalken. Anstelle eines Kopfteils wurde ein Stück Treibholz – vermutlich eine ehemalige Decksplanke von einem Schiff – an die Wand geschraubt. Kopfüber gestellte Metallkübel haben genau die richtige »Nachttisch«-Höhe, und alte Gelenkleuchten aus Frankreich geben gutes Leselicht.

Gegenüber Eine ausgewogene Mischung aus warmem Holz und kühlem Industrie-Stil: Alte Werkstattleuchten sind auf Holzklötzen montiert, ihre Kabel wirken wie grafische Linien.

Unten Dieses Kopfteil wurde aus weiß gestrichenen Gerüstbohlen gebaut. Ein Ablagetisch mit Schublade ist in die Konstruktion integriert.

Wer jeden Tag durchs Leben hetzt, braucht ein Zuhause, das Entspannung und Ruhe schenkt. Das gilt in besonderem Maße für das Schlafzimmer. Die kreidigen Oberflächen und Farben einer »ent-dekorierten« Wohnung erzeugen auf natürliche Weise eine sanfte Atmosphäre, die diesem Raum gut bekommt. Auch die Texturen von verwittertem Holz – mit allen Unvollkommenheiten und Altersspuren – wirken sehr ruhig. Recycelte Materialien haben einfach etwas, das moderne Möbel mit ihren aalglatten, glänzenden Oberflächen nicht bieten können.

Das wichtigste Möbelstück im Schlafzimmer ist natürlich das Bett. Leisten Sie sich eine hochwertige Matratze, die Ihnen und Ihren Schlafgewohnheiten gerecht wird. Die Matratze ist einer der wenigen Gegenstände, bei denen Recycling nicht infrage kommt. Beim Bettgestell dagegen haben Sie viel Spielraum zum Improvisieren. Wenn Sie die abgeschabten Kopf- und Fußteile eines alten Eisenbettes finden, restaurieren Sie sie und montieren Sie sie einfach an ein neueres Bett, das dadurch viel mehr

Charme gewinnt. Wer es minimalistischer mag, kann einen Rahmen aus Bohlen bauen und auf stabile Eichenbalken setzen. Solche Betten strahlen etwas Ehrliches aus, darum sollte man sie nicht unter Rüschenvolants verstecken. Eine interessante Alternative ist auch ein »Patchwork-Bett«: Aus verschiedenen Holzarten in unterschiedlichen Farbtönen könnte man beispielsweise – als moderne Spielart eines etwas abgedroschenen Klassikers – ein schlichtes Pfostenbett bauen. Wenn Ihnen klare, schnörkellose Linien zusagen, könnten Sie aus Gerüststangen einen »Himmelhalter« im Industrie-Stil bauen.

Für die Bettwäsche sind erdige Töne am schönsten. Halten Sie Ausschau nach französischem Leinen. Wenn Sie keine vollständigen Bezüge finden, kaufen Sie Reste und setzen Sie die besten Stücke einfach zusammen. Leinen ist weich, aber

Gegenüber Manchmal ist es einfach zu schade, interessante Konstruktionsdetails zu verstecken. Bei diesem Bett aus Eichenbrettern bilden die Verbindungselemente ein attraktives Detail.

Kleines Foto gegenüber Zum strengen Bett im Shaker-Stil passt der bequeme Sessel mit dem Bezug aus bemalter Leinwand – eine witzige Hybride aus moderner Kunst und zweckmäßigem Möbel.

Diese Seite Ein Pfostenbett aus recyceltem Holz sieht viel ansprechender aus als sein altmodischer Vorgänger. Als Himmel wurde einfach eine alte Leinentischdecke lässig über den oberen Rahmen gelegt.

Diese Seite Solch ein Kinderbett könnten Hänsel und Gretel benutzt haben! Es besteht komplett aus gebrauchten Bodendielen und Täfelbrettern, die zu einem ungleichmäßigen Patchwork zusammengefügt wurden. Tisch und Stuhl im Zwergenformat wurden auf die gleiche Weise gebaut.

Gegenüber oben Der Anblick eines Mobiles an der Decke hilft nicht nur kleinen Kindern beim Einschlafen. Vielleicht schenkt Ihnen ein Flugzeug aus einem Rest Kükendraht süße Urlaubsträume?

Gegenüber unten Ein Stück bemusterter Seide vom Vorhang eines antiken Himmelbetts wirkt in der klösterlichen Strenge dieses Schlafzimmers wie ein edles Kunstwerk – fast zu schade, um den Kopf anzulehnen.

strapazierfähig, und gibt mit seinen sanften Farben einen guten Hintergrund für kräftigere Farbakzente ab. Bettwäsche kann man auch aus Stoffen nähen, die eigentlich für andere Zwecke gedacht sind, etwa einem bestickten Schal, einer bunten Häkeldecke oder einer wunderbar warmen Wolldecke. Zu einem Bett aus verschiedenen Hölzern passt auch ein nicht zu fein abgestimmtes Patchwork aus alten Stoffresten und Stücken nicht mehr tragbarer Kleidung. Mehrere Schichten halten schön warm und sorgen optisch für sympathische Kontraste. Und wenn man die farbigen Überdecken zurückschlägt, sollten darunter frische, weiße Laken zum Vorschein kommen.

Natürlich brauchen Sie einen Ablagetisch für Buch, Wecker und Leselampe. Er sollte groß genug sein, dass nichts herunterkippt, und in der Höhe gut zum Bett passen. Die einfachste Lösung ist ein großer Klotz Eichenholz oder eine Obstkiste. Sie könnten auch einen Kasten aus verschiedenen Holz- und Zierleistenresten selbst zusammenbauen.

Die Beleuchtung des Schlafzimmers sollte sich regulieren lassen. Eine Drehung des Dimmers genügt, um von Tages- auf Abendstimmung umzuschalten. Nachttischlampen brauchen nicht allzu niedlich zu sein. Wichtiger ist, dass sie ein warmes Licht geben. Vielleicht gefällt Ihnen eine alte Kabellampe mit Drahtkäfig?

LEINEN IST EIN WEICHER, STRAPAZIERFÄHIGER HINTERGRUND FÜR FARBIGERE BETTACCESSOIRES WIE EINEN ALTEN, BESTICKTEN SCHAL ODER EINE BUNTE HÄKELDECKE.

Man kann sie überall dort anhängen, wo sie gerade gebraucht wird, oder auf einem alten, verwitterten Holzunterbau befestigen. Eine simple Wolfram-Glühlampe an einem extralangen, umsponnenen Kabel kann an einen in die Wand gehämmerten Nagel oder einen Deckenhaken gehängt werden.

Im Idealfall steht im Schlafzimmer nicht mehr als ein Bett und ein kleiner Ablagetisch. Das würde aber bedeuten, anderswo Stauraum zu schaffen. Wenn Sie eine geräumige Abstellkammer haben, könnten Sie sich den Luxus eines Ankleidezimmers leisten. Einige

Details in Schwarz geben diesem Schlafzimmer eine grafische Note. Die kreative Besitzerin des Hauses hat weißen Stoff teilweise mit einem stilisierten Blattmuster bedruckt. Die Industrie-Leuchten auf den Nachttischen bilden ein Gegengewicht zu den weicheren Texturen im Raum. Der hässliche Heizkörper wurde einfach mit einem Stück dünnem Leinen verhängt.

Ein Stück von einer alten Wandtäfelung wurde einfach auf die Seite gedreht und als Kopfteil ans Bett montiert. Sein grafischer Aufbau korrespondiert mit den klaren Linien des Betts und den sichtbaren Balken. Auf einem Tisch aus Holz-Patchwork steht eine ungewöhnliche Leuchte aus einer Drahtkonstruktion, die mit gefärbter Wolle umwickelt ist. Ihr weicher Charakter verhindert, dass der Raum allzu sachlich wirkt.

Links Dieses imposante Bett, das wie eine behagliche Höhle wirkt, besteht aus ehemaligen Bodendielen. Mit ein paar gemütlichen Kissen kann man es auch tagsüber als gemütliche Sitzgelegenheit benutzen.

Rechts Die beiden uralten, sorgfältig platzierten Holzplanken zeigen, wie einfach und effektvoll der Recycling-Stil sein kann. Ihre Schrägstellung ist genau richtig, um vor dem Einschlafen in bequem angelehnter Haltung noch ein paar Seiten zu lesen.

BAUEN SIE EIN BETTGESTELL AUS GEBRAUCHTEN BOHLEN UND BALKEN ODER AUS EINEM PATCHWORK GANZ VERSCHIEDENER HOLZRESTE. WAS SO EHRLICH WIRKT, SOLLTE NICHT UNTER RÜSCHENVOLANTS VERSTECKT WERDEN.

Gerüststangen oder verzinkte Rohre (vom Lieferanten Ihres netten Sanitärinstallateurs), von einer Wand zur anderen montiert, genügen zum Aufhängen vieler Kleidungsstücke und nutzen den Raum viel besser aus als ein Sammelsurium von Kisten und Krimskrams.

Wer seine Kleider im Schlafzimmer unterbringen muss, braucht reichlich Schrankraum, damit der Raum nicht unordentlich und unübersichtlich wirkt. Der Großteil Ihrer Kleidung sollte in einem geräumigen, alten Kleiderschrank verschwinden. Praktisch sind auch alte Kleiderständer auf Rollen, weil sie dabei helfen, einen guten Überblick über den Bestand zu behalten, und Stücke, die Sie nicht mehr tragen, regelmäßig auszusortieren. Einige Lieblingsstücke dürfen gern zur Dekoration aufgehängt werden, am besten auf alten Holzkleiderbügeln, die oft noch den verblichenen Schriftzug eines Geschäftes tragen. Mit solchen Bügeln, die man auf Flohmärkten für wenig Geld findet, lässt sich ganz einfach Recycling-Charme in die Wohnung bringen. Wer nicht genügend alte Bügel findet, umhüllt einfach neue mit Resten alter Stoffe. Wenn Ihnen der Kleiderbestand zu unruhig aussieht, verstecken Sie ihn hinter einem Sichtschirm, den man aus alten Türen und Fensterläden und einigen Scharnieren leicht selbst bauen kann.

Kinderzimmer

Kinderzimmer müssen zweckmäßig und anpassungsfähig sein, aber sie sollen auch Spaß machen. Mit einigen recycelten Elementen, die sich möglichst vielseitig nutzen lassen, lernen Kinder schon frühzeitig die Vorteile des Recycling-Stils zu schätzen. Weil nicht immer alles perfekt zusammenpassen muss, bietet sich dieser Stil gerade für Kinder an, deren Geschmack und Bedürfnisse sich schnell und oft ändern.

Oben Aus gebrauchtem Holz kann man schöne Möbel bauen, die sich den schnell veränderlichen Anforderungen eines Kinderzimmers anpassen lassen. Die Gerüstbohlen, aus denen dieses Bett gebaut wurde, kann man für einen anderen Zweck weiterverwenden, wenn das Kind größer ist.

Links Eine Staffelei mit einer alten Tafel und einer Dose für die Kreide spart Papier und ist praktisch für schnelle Notizen oder kleine Kunstwerke.

HOLZKISTEN KANN MAN ZU EINEM OFFENEN MODUL-REGAL AUFEINANDERSTAPELN, SODASS DIE LIEBLINGS-SPIELSACHEN IMMER GRIFFBEREIT UND GUT ZU SEHEN SIND.

Das ideale Kinderzimmer ist ein gemütliches Refugium, in dem die Kleinen ihre Fantasie ausleben können. Die Einrichtung muss sich der Entwicklung, den Bedürfnissen und der wachsenden Menge von Habseligkeiten der Kinder anpassen. Der Recycling-Stil hat den Vorteil, dass man problemlos Möbel hinzufügen, erweitern oder gelegentlich auch einmal entfernen kann, ohne dass der Gesamteindruck sich grundlegend verändert.

Kinder wachsen schnell aus ihrem Bett heraus. Bauen Sie eine einfache Konstruktion, dann brauchen Sie später, wenn das Kind größer ist, nur einige Kanthölzer und Bretter anzubauen und eine neue Matratze zu kaufen, um es zu vergrößern. Streichen Sie das Holz nicht, sondern bringen Sie lieber durch gemusterte Bettwäsche oder bunte Decken Farbe ins Spiel. Solche Textilien lassen sich problemlos austauschen, wenn das Kind eine neue Lieblingsfarbe entdeckt.

Oben Dieses Kinderzimmer ist komplett mit Kreationen aus gebrauchtem Holz ausgestattet. Das alte Puppenhaus aus Gerüstbohlen hat eine neue Funktion als Bücherregal bekommen. Die schönen Aufbewahrungskisten bieten viel praktischen Stauraum, der vergrößert werden kann, wenn die Spielzeugsammlung wächst. Der »Teppich« besteht aus zusammengenähten Putzlumpen.

Links Alte Erstklässler-Stühle hängen an der Wand wie eine surreale Skulptur. So stehen sie nicht im Weg und sind dennoch griffbereit, wenn Besuch kommt.

Rechts Das Kinderzimmer sollte Platz für Kreativität und Abenteuer bieten. Reste alter Wandtafeln geben praktische, abwischbare Schranktüren ab, und Obstkisten auf Rollen machen das Spielzeug mobil. Alte Spielsachen an unerwarteten Plätzen, etwa hoch oben auf einem Balken, sind witzige Details.

Unten Traditionelles Spielzeug hat auch in unserer Hightech-Welt seinen Reiz.

Stauraum ist so wichtig wie in allen anderen Räumen, aber im Kinderzimmer muss er bei Bedarf erweitert werden können. Praktisch sind Holzkisten, aus denen man mitwachsende »Modulregale« bauen kann, in denen Lieblingsspielsachen immer gut zu sehen sind. Auch in alten Koffern lassen sich allerlei Schätze gut verstauen. Der Inhalt wird am besten auf traditionellen Gepäckanhängern notiert.

Schränken und Schubladen bekommt ein Anstrich mit Wandtafelfarbe gut. Es muss ja nicht gleich das ganze Möbelstück sein, eine Schranktür genügt auch. So sind künstlerische Versuche auf den Möbeln kein Grund zum Schimpfen – vorausgesetzt, es gelingt Ihnen, die kreativen Ambitionen auf den vorgegebenen Rahmen einzuschränken.

Traditionelles Spielzeug aus Naturmaterialien hält lange und wird, im Gegensatz zu Plastikspielzeug, mit den Jahren immer schöner. Stofftiere kann man leicht als alten Stoffresten oder zu klein gewordenen Kleidungsstücken nähen. Wenn sie mit der Zeit verblassen, passen sie umso besser zum Recycling-Stil. Und falls sie einmal gestopft oder geflickt werden müssen, tut das ihrem Charme nur gut.

Für schöne Träume sorgen witzige Mobiles aus kleinen Spielzeugautos oder Flugzeugen. Geben Sie Ihrer Fantasie ruhig einmal freie Bahn!

Arbeitszimmer

Schnelle und immer unkompliziertere Kommunikationsmedien machen es möglich, dass selbst technikscheue Menschen immer öfter zu Hause arbeiten. Ein Arbeitszimmer in der Recycling-Wohnung ist ein guter Vorwand, dem Büroalltag in langweiligem Officegrau auszuweichen. Es ist einfach angenehmer, morgens aufzustehen und nur eben über den Flur »zur Arbeit« zu gehen – mit einem frisch aufgebrühten Kaffee in der Hand.

Links An dem riesigen Tisch direkt unter dem Fenster können zwei Personen bequem arbeiten. An dunklen Tagen wird die Arbeitsleuchte, die aus einem Juweliergeschäft stammt, eingeschaltet.

Rechts Ein anregender Arbeitsplatz mit vielen ungewöhnlichen Fundstücken. Besonders spannend ist der Kontrast zwischen dem primitiven Holztisch und dem Stuhl aus den 1950er Jahren. Der riesige Bleistift aus Pappe diente in den 1960er Jahren als Dekoration in einer Schreibwarenhandlung.

BAUEN SIE SICH EINEN SCHREIBTISCH AUS TEILEN, DIE NICHT UNBEDINGT ZUSAMMENPASSEN. EINE ALTE HOLZTÜR AUF ZWEI HANDWERKER-BÖCKEN REICHT VÖLLIG AUS.

Der Arbeitsplatz zu Hause sollte so behaglich sein wie der Rest der Wohnung, und keinesfalls eine Kopie des tristen Büros, dem Sie doch entfliehen wollten. Planen Sie sorgfältig und denken Sie vor allem an die Aspekte, die für einen reibungslosen Arbeitsablauf nötig sind, vor allem Stauraum für Akten. Möbeln Sie einen alten Aktenschrank aus Metall auf und lassen Sie ihn seine Funktion wieder mit Würde erfüllen. Ohne ein Ambiente aus Leuchtstoffröhren und Teppichfliesen wirken solche Aktenschränke ganz anders, die triste Funktionalität fällt von ihnen ab. Für Ordnung am Schreibtisch können die verschiedensten recycelten Requisiten sorgen. Holztabletts mit Griffen, wie man sie früher in Keramikfabriken verwendete, sind praktisch für allerlei Unterlagen. Mit Rollen werden sie noch flexibler. Weidenkörbe von Fischerbooten eignen sich für Papiere, die man selten braucht. Alte Holz-Werkzeugkästen oder Karteischubladen aus Bibliotheken fassen jede Menge Kleinigkeiten rund um den Arbeitsplatz.

Sparen Sie beim Schreibtisch keinesfalls an der Größe, viel Platz kann man immer gut gebrauchen. Stellen Sie ihn ans Fenster, damit Sie zum Arbeiten Sonnenlicht haben (aber lassen Sie sich nicht zu sehr von der Aussicht ablenken). Ein Metallschreibtisch im Stil der 1950er Jahre ist ein Fund, den zu retten sich lohnt, obwohl diese Modelle mit den heutigen Rollcontainern oft nicht kompatibel sind. Wenn Sie auch noch einen alten Postsortierschrank finden, können Sie die Frage von Schreibtisch und Stauraum in einem Aufwasch lösen. Leisten Sie sich eine große Holzplatte, die sich viel wärmer und angenehmer anfühlt als eine Platte aus Glas oder Metall. Platte und Unterbau

Diese Seite So spannend sind Kontraste: ein moderner Computer auf einem Tisch aus alten Bohlen mit zwei verschiedenen Stühlen (davon einer aus einer Zahnarztpraxis). Hier kann man gut klar denken.

Gegenüber oben Der alte Gartentisch mit den staksigen Beinen verträgt sich erstaunlich gut mit dem stabilen Mechanikerstuhl aus einer alten Fabrik. Ein weiches Kissen macht auch Überstunden erträglich.

Gegenüber unten Das nackte Metall des abgebeizten Schreibtischs aus den 1950er Jahren harmoniert mit dem scheckigen Verputz. Flohmarkt-Funde wie der Ventilator und der Drahtkorb sind stimmige Accessoires.

GEHEN SIE AUF DIE SUCHE NACH EINEM ALTEN BÜROSTUHL, VIELLEICHT AUS EINER STILLGELEGTEN FABRIK. WENN DER SITZ DEFEKT IST, ERNEUERN SIE IHN, DENN DER UNTERBAU WIRD EIN LEBEN LANG HALTEN. ALS POLSTER DIENT EIN KISSEN MIT EINEM BEZUG AUS EINEM HÜBSCHEN VINTAGE-STOFFREST.

müssen nicht zusammenpassen. Eine große Holztür auf gewöhnlichen Handwerker-Böcken gibt beispielsweise einen guten Schreibtisch ab. Wichtig ist aber, dass die Arbeitsfläche schön glatt ist. Damit auf dem Schreibtisch Ordnung herrscht, verstauen Sie Stifte in alten Einweckgläsern und andere Kleinigkeiten in Blechdosen, hölzernen Aussaatkästen oder alten Drahtkörbchen.

Gönnen Sie sich einen bequemen Stuhl, der den Rücken gut stützt. Es muss ja kein hässlicher Synthetikstuhl mit Gasdruckfeder sein. Suchen Sie lieber nach einem alten Modell, vielleicht aus einer stillgelegten Fabrik. Wenn der Sitz defekt ist, erneuern Sie ihn, denn der Unterbau wird ein Leben lang halten. Und denken Sie an ein bequemes Kissen mit einem Bezug aus einem hübschen Vintage-Stoffrest.

Wer viele Stunden am Schreibtisch verbringt, braucht gutes Licht. Für einen Arbeitsplatz in einer dunklen Ecke empfiehlt sich eine verstellbare Schreibtischlampe. Alte Scherengelenk-Lampen sehen attraktiv aus, aber in diesem Fall kann eine speziell auf den Platz zugeschnittene Leuchte die bessere Lösung sein.

Umgeben Sie sich am Arbeitsplatz mit Dingen, die Sie motivieren (nicht gerade einem verstaubten Gummibaum). Bringen Sie ein Pinnboard an oder hängen Sie Postkarten, Fotos, Stoffmuster und Zeitschriftenausschnitte mit kleinen Klammern an eine Schnur an einer Wand.

Händlerverzeichnis/Flohmärkte

Möbel und Accessoires

Baileys
Whitecross Farm
Bridstow
Ross-on-Wye
Herefordshire HR9 6JU
Großbritannien
Tel.: +44 / (0)19 89 56 30 15
E-Mail: sales@baileys-home-garden.co.uk
www.baileyshome.com
Das Geschäft der Autoren Mark & Sally Bailey

The Conran Shop
Michelin House
81 Fulham Road
London SW3 6RD
Großbritannien
Tel.: +44 / (0) 20 75 89 74 01
www.conranshop.co.uk

Muji
www.muji.de
Modernes japanisches Design

Muji München Store
Fünf Höfe
Prannerpassage
Kardinal-Faulhaber-Straße 11
80333 München
Tel.: 0 89 / 2 08 03 97 10

Muji Düsseldorf Store
Königsallee 60–62
40212 Düsseldorf
Tel.: 02 11 / 8 60 66 61

Muji Berlin Store
Hackescher Markt 1
10178 Berlin

**Das Bett
Antik & Design**
Diekerstraße 27
42781 Haan
Tel.: 0 21 03 / 24 18 33
www.das-bett-haan.de
Metallbetten im traditionellen Stil

Car Selbstbaumöbel
Ellerbrookskamp 4
22397 Hamburg
Tel.: 0 40 / 6 05 00 71
Fax: 0 40 / 6 05 49 36
www.car-Moebel.de
Unbehandelte Holzmöbel

Octopus Handels-GmbH
Lehmweg 10B
20251 Hamburg
Tel.: 0 40 / 4 20 11 00
Fax: 0 40 / 420 12 00
www.octopus-versand.de
Freistehende Küchenschränke und andere Möbel

The Iron Bed Company
Hochstraße 15
60313 Frankfurt
Tel.: 0 18 05 / 21 45 47
www.BedCompany.de
Metallbetten im traditionellen Stil

Country Garden
Auf den Beeten 12d
72119 Ammerbuch
Tel.: 0 70 73 / 23 72
Gartenmöbel aus Metall im traditionellen Stil

**Habitat
Kundenservice**
Martener Hellweg 31
44379 Dortmund
Tel.: 02 31 / 7 25 48 30
www.habitat.de
Möbel und Accessoires

Favola Einrichtungen
Nadistraße 16
80809 München
Tel.: 0 89 / 35 46 61 15
U.a. Tische aus altem Teakholz

**Kährs Parkett
Deutschland
GmbH & Co. KG**
Eberhardstraße 50
72411 Bodelshausen
Tel.: 0 74 71 / 70 01 53
www.kahrs.com/de
Bodenbeläge im Used-Look

Naturfarben

Auro Pflanzenchemie AG
Alte Frankfurter Straße 211
38122 Braunschweig
Tel.: 05 31 / 28 14 10
www.auro.de

cara Service- und Handelsgesellschaft mbH
Wintgenhof 10
45239 Essen
Tel.: 02 01 / 8 40 57 58
www.bauscouts.de

**Sehestedter Naturfarben
Adolf Riedl**
Alter Fährberg 7
24814 Sehestedt
Tel.: 0 43 57 / 10 49
www.sehestedter-naturfarben.de

**KREIDEZEIT
Naturfarben GmbH**
Cassemühle 3
31196 Sehlem
Tel.: 0 50 60 / 6 08 06 50
www.kreidezeit.de

Naturtextilien

**1a Carl Friedrich Ern
Versand GmbH**
Wittkuhler Straße 51
42716 Solingen
Tel.: 08 00 / 4 54 54 34
www.1a-versand.de
Bettwäsche aus Leinen

**Stoffkontor
ATM Handel & Service
GmbH**
Bahnhofstraße 71
21423 Winsen (Luhe)
Tel.: 0 41 71 / 60 59 67
www.stoffkontor.eu
Naturleinen

Florence Naturfaserstoffe
Bonner Straße 0
53173 Bonn
Tel.: 02 28 / 65 59 47
www: www.florence.de
Naturleinen und andere Naturfaserstoffe

Die Leinenweber
Gänswaldweg 27
70186 Stuttgart
Tel.: 07 11 / 2 36 71 69
Fax: 07 11 / 2 36 71 78
www.die-leinenweber.de
Naturleinen

**Leinenfabrik –
Tatjana Kundler**
Nassmühle 11a
63538 Großkrotzenburg
Tel.: 0 61 88 / 91 44 76
www.leinenfabrik.de

Historische Baustoffe

Theo Evers
Architectural Antiques
de Koumen 58
6433 KD Heerlen – North
Niederlande
www.theoevers.com

**Schaar Historische
Baustoffe**
Geilingsweg 7
47506 Neukirchen-Vluyn
Tel.: 0 28 45 / 13 67
www.schaar-historische-baustoffe.de

Piet Jonker Abcoude b.v.
Rijksstraatweg 23
1396 JC Baambrugge
Niederlande
Tel.: +31 / (0) 2 94 29 37 77
www.pietjonker.nl

Annotobak
Historische Baumaterialien,
Haus- u. Gartendekorationen
Ludwigsstraße 38
67165 Waldsee
Tel.: 0 62 36 / 5 47 85
www.annotobak.de

**Historische Baustoffe
Ingo Selent GmbH**
Hausbergerstraße 9a
32457 Porta Westfalica
Tel.: 05 71 / 9 11 92 83
www.historische-baustoffe-selent.de

**Michael Fritz –
Historische Baustoffe**
Reinfelder Straße 2
23845 Bahrenhof
www.spolia.de

Weitere Informationen zu gebrauchten und historischen Baustoffe sind auf den folgenden Webseiten zu finden:

www.historische-baustoffe.de
Webseite des Unternehmerverbands mit Firmenadressen

www.baustoffe.borghoff.de
Übersicht über Anbieter historischer Baustoffe

www.baurat.de
Übersicht über Anbieter historischer Baustoffe

Flohmärkte und Antikes

Nicht jeder hat das Glück, auf dem eigenen Dachboden alte Schätze zu Tage zu fördern. Dann hilft ein Spaziergang über den nächsten Floh- oder Antikmarkt oder ein Besuch beim Trödler. Informationen über Orte und Termine von Märkten und Messen finden Sie auf den folgenden Webseiten:

www.interantik-gmbh.de
www.troedelshop.com
www.melan.de/go/termine-antik.html
www.flohmarkt-termine.net
www.antikmarkt.net
www.antiquitaeten.com
www.antiek.com
Überblick über Händler, Messen und Märkte in den Niederlanden und Belgien

Märkte im Ausland

Wer gern einmal im Urlaub auf Antik- und Flohmärkten stöbert, könnte sich hier umschauen:

London

Portobello
Portobello Road, W11
freitags und samstags 8 bis 17 Uhr
www.portobelloroad.co.uk

Brick Lane
Cheshire Street,
Sclater Street, E1 und E2
sonntags 6 bis 13 Uhr
www.eastlondonmarkets.com

Bermondsey
Bermondsey Square, SE1
freitags 5 bis 13 Uhr

Camden
Camden High Street, NW1
täglich
www.camdenlock.net

Greenwich
Greenwich Church Street,
Stockwell Street,
Greenwich High Road, SE10
samstags und sonntags
9.30 bis 17 Uhr
www.greenwich-market.co.uk

Frankreich

Kleinere Märkte finden in vielen Orten Südfrankreichs wöchentlich und größere im Abstand von zwei Monaten statt. Die folgenden lohnen sich besonders:

L'Isle sur la Sorgue
Großartige Szenerie.
Markt jeden Donnerstag und Sonntag, wesentlich größere Märkte zu Ostern und Mitte August.
In der Stadt gibt es viele Antiquitätengeschäfte und Trödler.

Marseille
Plan de Ciques

Avignon
Parc d'Expositions

Lyon
Euro Expo

Montpellier
Parc d'Expositions

Märkte in Deutschland
(eine kleine Auswahl)

Berlin

Berlin-Charlottenburg
Trödel-, Kunst- und Flohmarkt an der Straße des 17. Juni
(vor dem Ernst-Reuter-Haus)
10587 Berlin
samstags und sonntags
10 bis 16 Uhr

Berlin-Friedrichshain
Großer Antikmarkt
am Ostbahnhof
10243 Berlin
sonntags 9 bis 17 Uhr
www.oldthing.de

Antik- und Kunstmarkt
in der antik-remise
Boxhagener Straße 96
10245 Berlin
sonntags 10 bis 17 Uhr

Berlin-Kreuzberg
Trödelmarkt Bergmannstraße,
Chamisso-/Marheinekeplatz
10965 Berlin
samstags 10 bis 17 Uhr

Hallentrödelmarkt
Nostizstraße 6–7
(U6 + U7 Mehringdamm)
dienstags 17 bis 19 Uhr,
donnerstags 11 bis 13 Uhr
und 15 bis 18 Uhr,
samstags 11 bis 15 Uhr

Berlin-Mitte
Großer Trödelmarkt
am Arkonaplatz
10435 Berlin
sonntags 10 bis 17 Uhr

Kunst- und Nostalgiemarkt
Am Kupfergraben
10117 Berlin
samstags und sonntags
11 bis 17 Uhr

Kunstmarkt am Zeughaus
Unter den Linden / Lustgarten
10117 Berlin
samstags und sonntags
11 bis 17 Uhr

Berliner Antikmarkt in den
S-Bahn-Bögen / Georgenstraße
10117 Berlin
mittwochs bis montags
11 bis 18 Uhr

Kunst- und Trödelmarkt in den
S-Bahn-Bögen Dircksenstraße /
An der Spandauer Brücke
10178 Berlin
montags bis freitags
10 bis 18 Uhr
und samstags
10 bis 14 Uhr

München

Viele Tipps und über 600 Adressen bietet der **Secondhandführer München und Umland**, der vom **Abfallwirtschaftsbetrieb München** herausgegeben wurde
(im Internet:
www.awm-muenchen.de/fileadmin/PDF-Dokumente/privatkunde/br_secon.pdf)

Nachbarschaftsprojekt
des Seidlvillavereins,
Nachbarschaft Schwabing
Nikolaiplatz 1b
80802 München
Tel. / Fax: 0 89 / 39 82 99
E-Mail:
nachbarschaft@seidlvilla.de

Big Antiks
Kapuzinerplatz 2
80337 München
Tel.: 0 89 / 83 74 62
Montags bis freitags
10 bis 18 Uhr,
samstags 10 bis 16 Uhr

Trödeloase
Rumfordstraße 18
80469 München
Tel.: 0 89 / 29 16 36 46
montags, dienstags, mittwochs,
freitags 12 bis 18 Uhr

Trödelmarkt 2000,
Bunzlauerplatz 1
80992 München
Tel.: 0 89 / 77 22 93
Montags bis freitags 12 bis 18,
samstags 10 bis 16 Uhr

Fußgängerflohmarkt
»Werkhaus«,
Leonrodstraße 19
80634 München
Tel.: 0 89 / 16 61 02
E-Mail:
werkhaus-ev@t-online.de
www.werkhaus-ev.de
Am zweiten Samstag im Monat
9 bis 15 Uhr

Bildnachweis

Legende: o = oben, u = unten, r = rechts, l = links, M = Mitte .

Fotos von Debi Treloar, aufgenommen in Mark und Sally Baileys Haus in Herefordshire – mit Ausnahme der unten angegebenen:

Seite 1 Haus von Sune Jehrbo (Mitgründerin und Kreativ-Chefin von Eleanor Home) in Kopenhagen; 4 Privathaus; 5 Design: Cecilia Proserpio, Möbel: Katrin Arens; 9 oM & Ml Joel Bernsteins Haus in London; 9 M Haus von Lisa Whatmough (Besitzerin von Squint) in London; 9 Mr Spazio Rossana Orlandi – Ausstellung der Design Academy of Eindhoven während der Veranstaltung Tabula Rasa; 9 ul Haus von Mathilde Labrouche (von Coté Pierre) in Saintonge; 9 ur Mark und Sally Baileys ehemaliges Haus in Herefordshire; 10 ol & Ml Liz Connells Haus in London; 10 oM & Mr Haus von Mathilde Labrouche (von Coté Pierre) in Saintonge; 10 or Mark und Sally Baileys ehemaliges Haus in Herefordshire; 10 M Design: Cecilia Proserpio, Möbel: Katrin Arens; 10 ur Haus von Lisa Whatmough (Besitzerin von Squint) in London; 15 l Roger Capps' Haus bei Builth Wells; 15 r Design: Cecilia Proserpio, Möbel: Katrin Arens; 17 beide Mark und Sally Baileys ehemaliges Haus in Herefordshire; 19 Roger Capps' Haus bei Builth Wells; 20 Haus von Mathilde Labrouche (von Coté Pierre) in Saintonge; 22 Roger Capps' Haus bei Builth Wells; 23 ol & M Spazio Rossana Orlandi; 23 Ml Carole und Dominique de Laâge, Künstlerin, Malerin und Journalist, Haus in Charente-Maritime; 23 Mr Martin Nannestad Jørgensen; 23 uM Haus von Mathilde Labrouche (von Coté Pierre) in Saintonge; 23 ur Mark und Sally Baileys ehemaliges Haus in Herefordshire; 24 l Joel Bernsteins Haus in London; 24 r Design: Cecilia Proserpio, Möbel: Katrin Arens; 25 r Lucille und Richard Lewins Haus in London; 28 Joel Bernsteins Haus in London; 29 Design: Cecilia Proserpio, Möbel: Katrin Arens; 30–31 Haus von Mathilde Labrouche (von Coté Pierre) in Saintonge; 32 & 33 r Mark und Sally Baileys ehemaliges Haus in Herefordshire; 33 l Privathaus; 34 o Martin Nannestad Jørgensen; 34 u Joel Bernsteins Haus in London; 35 Haus von Mathilde Labrouche (von Coté Pierre) in Saintonge; 37 l & r Mark und Sally Baileys ehemaliges Haus in Herefordshire; 38–39 Katrin Arens; 40 & 41 M Haus von Lisa Whatmough (Besitzerin von Squint) in London; 41 o alle, Mr, uM & ur Mark und Sally Baileys ehemaliges Haus in Herefordshire; 42 l Martin Nannestad Jørgensen; 42 or & 43 Joel Bernsteins Haus in London; 44 Privathaus; 45 M Haus von Sune Jehrbo (Mitgründerin und Kreativ-Chefin von Eleanor Home) in Kopenhagen; 45 r Katrin Arens; 46 Haus von Mathilde Labrouche (von Coté Pierre) in Saintonge; 47 & 48 ol Roger Capps' Haus bei Builth Wells; 48 u Mark und Sally Baileys ehemaliges Haus in Herefordshire; 50 Roger Capps' Haus bei Builth Wells; 51 & 52 Haus von Mathilde Labrouche (von Coté Pierre) in Saintonge; 53 Roger Capps' Haus bei Builth Wells; 54 Spazio Rossana Orlandi; 57 r Mark und Sally Baileys ehemaliges Haus in Herefordshire; 60 & 61 or Martin Nannestad Jørgensen; 61 ol Joel Bernsteins Haus in London; 61 ur Katrin Arens; 64, 65 großes Foto & or Haus von Lisa Whatmough (Besitzerin von Squint) in London; 65 ul Design: Cecilia Proserpio, Möbel: Katrin Arens; 67 l Liz Connells Haus in London; 70 Lucille und Richard Lewins Haus in London; 71 oM & ul Mark und Sally Baileys ehemaliges Haus in Herefordshire; 71 or Joel Bernsteins Haus in London; 71 Ml Martin Nannestad Jørgensen; 71 M Haus von Lisa Whatmough (Besitzerin von Squint) in London; 71 uM Liz Connells Haus in London; 72 & 73 r Lucille und Richard Lewins Haus in London; 73 l Haus von Mathilde Labrouche (von Coté Pierre) in Saintonge; 76 Mark und Sally Baileys ehemaliges Haus in Herefordshire; 77 l Martin Nannestad Jørgensen; 77 r Haus von Mathilde Labrouche (von Coté Pierre) in Saintonge; 78 l Mark und Sally Baileys ehemaliges Haus in Herefordshire; 78 r Haus von Lisa Whatmough (Besitzerin von Squint) in London; 79 Design: Cecilia Proserpio, Möbel: Katrin Arens; 80 beide Haus von Lisa Whatmough (Besitzerin von Squint) in London; 81 l Mark und Sally Baileys ehemaliges Haus in Herefordshire; 81 r Joel Bernsteins Haus in London; 82 Haus von Lisa Whatmough (Besitzerin von Squint) in London; 83 Roger Capps' Haus bei Builth Wells; 84 alle & 85 o Haus von Lisa Whatmough (Besitzerin von Squint) in London; 85 u Joel Bernsteins Haus in London; 86–87 Martin Nannestad Jørgensen; 88 & 89 l Katrin Arens; 90 & 91 o Haus von Mathilde Labrouche (von Coté Pierre) in Saintonge; 91 u Roger Capps' Haus bei Builth Wells; 94–95 Katrin Arens; 96–97 Martin Nannestad Jørgensen; 98–99 Design: Cecilia Proserpio, Möbel: Katrin Arens; 100–101 Spazio Rossana Orlandi; 102–103 Lucille und Richard Lewins Haus in London; 104 beide Joel Bernsteins Haus in London; 104–105 Katrin Arens; 107 l Lucille und Richard Lewins Haus in London; 108–109 Lucille und Richard Lewins Haus in London; 110–111 Mark und Sally Baileys ehemaliges Haus in Herefordshire; 112–113 Joel Bernsteins Haus in London; 114–115 Design: Cecilia Proserpio, Möbel: Katrin Arens; 116 o Joel Bernsteins Haus in London; 116 u Haus von Sune Jehrbo (Mitgründerin und Kreativ-Chefin von Eleanor Home) in Kopenhagen; 117 Mark und Sally Baileys ehemaliges Haus in Herefordshire; 118 Roger Capps' Haus bei Builth Wells; 119 l Liz Connells Haus in London; 121 ol Joel Bernsteins Haus in London; 121 ul Haus von Mathilde Labrouche (von Coté Pierre) in Saintonge; 125 beide Mark und Sally Baileys ehemaliges Haus in Herefordshire; 126–127 Design: Cecilia Proserpio, Möbel: Katrin Arens; 128–129 Haus von Mathilde Labrouche (von Coté Pierre) in Saintonge; 130 Katrin Arens; 131 Design: Cecilia Proserpio, Möbel: Katrin Arens; 132 u Design: Cecilia Proserpio, Möbel: Katrin Arens; 133 Mark und Sally Baileys ehemaliges Haus in Herefordshire; 134 Katrin Arens; 135 beide Joel Bernsteins Haus in London; 136–137 Haus von Mathilde Labrouche (von Coté Pierre) in Saintonge; 138 Liz Connells Haus in London; 139 Haus von Mathilde Labrouche (von Coté Pierre) in Saintonge; 140 Haus von Mathilde Labrouche (von Coté Pierre) in Saintonge; 141–145 Katrin Arens; 146 u Martin Nannestad Jørgensen; 148 Joel Bernsteins Haus in London; 149 l Mark und Sally Baileys ehemaliges Haus in Herefordshire; 149 r Liz Connells Haus in London; 150 Privathaus; 152 Design: Cecilia Proserpio, Möbel: Katrin Arens; 153 Mark und Sally Baileys ehemaliges Haus in Herefordshire.

Illustration der Vorsatzseiten: Charlotte Farmer

Adressen der im Buch vorkommenden Designer

Capps & Capps Limited
The Sawmill
Sarnesfield
Herefordshire HR4 8RH
Großbritannien
Tel.: +44 / (0) 15 44 31 88 77
Fax: +44 / (0) 15 44 31 83 99
www.cappsandcapps.com
Restaurierung alter Gebäude.
Seite 15 l, 19, 22, 47, 48 ol, 50, 53, 83, 91 u, 118

Carole and Dominique de Laâge
La Braude
17130 St Maurice de Laurençanne
Frankreich
Tel.: +33 / (0) 6 70 06 30 34
Seite 23 Ml

Cecilia Proserpio
cecilia.proserpio@fastwebnet.it
Seite 5, 10 M, 15 r, 24 r, 29, 65 ul, 79, 98–99, 114–115, 126–127, 131, 132 u, 152

Coté Pierre
Chez Douteau Messac
17130 Montendre
Frankreich
Tel.: +33 / (0) 5 46 86 47 44
Mobil: +33 / (0) 6 09 71 30 29
E-Mail:
mathilde@cotepierre.com
www.cotepierre.com
Seite 9 ul, 10 oM, 10 Mr, 20, 23 uM, 30–31, 35, 46, 51, 52, 73 l, 77 r, 90, 91 o, 121 ul, 136–137, 139, 140

Eleanor Home
info@eleanorhome.dk
www.eleanorhome.com
Tel.: +45 / (0) 70 22 80 85
Fax +45 / (0) 70 22 80 83
Seite 1, 45 M, 116 u

Katrin Arens
info@katrinarens.it
www.katrinarens.it
Seite 5, 10 M, 15 r, 24 r, 29, 38–39, 45 r, 61 ur, 65 ul, 79, 88, 89 l, 94–95, 98–99, 104–105, 114–115, 126–127, 130, 131, 132b, 134, 141–145, 152

Liz Connell
liz.connell@btopenworld.com
Eine Auswahl von Liz-Connell-Textildesigns ist erhältlich bei Borderline Fabrics:
Tel.: +44 / (0) 20 78 23 35 67
www.borderlinefabrics.com
Seite 10 ol, 10 Ml, 67 l, 71 uM, 119 l, 138, 149 r

Lucille Lewin
Chiltern Street Studio
78a Chiltern Street
London W1U 5AB
Großbritannien
Tel.: +44 / (0) 20 74 86 48 00
Fax +44 / (0) 20 74 86 48 40
www.chilternstreetstudio.com
Seite 25 r, 70, 72, 73 r, 102–103, 107 l, 108–109

Martin Nannestad Jørgensen
www.martinnannestad.dk
Seite 23 Mr, 34o, 42 l, 60, 61 or, 71 Ml, 77 l, 86–87, 96–97, 146 u

Spazio Rossana Orlandi
Via Matteo Bandello 14
20123 Mailand
Italien
Tel.: +39 / (0) 24 67 44 72 44
info@rossanaorlandi.com
www.rossanaorlandi.com
Seite 9 Mr, 23 ol, 23 M, 54, 100–101

Squint Limited
3 Redchurch Street
London E2 7DJ
Großbritannien
www.squintlimited.com
Seite 9 M, 10 ur, 40, 41 M, 64, 65 großes Foto, 65 or, 71 M, 78 r, 80 beide, 82, 84 alle, 85 o

Register

Kursiv gedruckte Seitenangaben verweisen auf Abbildungen.

A
Ablagen und Halter 37
    Badewanne *122–123*, 129
    Handtücher 129
    Teller *38*, *94*, *95*, 96
Akten und Dokumente, Aufbewahrung *43*, 150
    Aktenschränke 150
Ankleidezimmer 137–141
Anrichte 92
Anschlüsse, elektrische 58, 117
Arbeitsflächen, Küche 91–92, *94*, *100*, *102*
Arbeitszimmer 148–153
Archivboxen *21*, *42*, 116
Arts-and-Crafts-Bewegung, Möbel 25

B
Badewannen 122, *122*, *124–125*, 125
Badezimmer 118–129
    Fliesen 121, *121*
    Fußboden 46, 122, *124–125*
    Stauraum 37
    Texturen 121–122
    Wände 121
Beleuchtung 56–65
    Arbeitszimmer *150*, 153
    auf Putz verlegte Kabel 27
    Industrie-Stil *49*, 59, 61, *61*, *100*, *101*, 117, *133*, *138*
    Kronleuchter *24*, 62, *65*
    Küche *90*, *91*, *92*, *104*
    Leuchtenfüße 31
    Schlafzimmer 58, *59*, *133*, 137, *138*, *139*
    Wohnzimmer 117
Betten 132–133, *132*, *134–137*, *140–141*, 145
Bettwäsche 133–137, 145
Bettwäsche, Aufbewahrung 37
Beutel *38*, *53*
Bienenwachs-Politur 49
Bilder *24–25*, 31, *25*, *51*, *73*, 116
Böcke und Platte, Tische aus *43*
Bodendielen *52*
    abbeizen 46
    als Tischplatte 103
    reparieren 46–49
    streichen 46
    Verschnitt-Stücke 27, 31
Bücher *38*, *39*
Bücherregale 38, *38*, *39*, *111*, 116, *145*

C
CDs, Aufbewahrung 38, *42*
Cornell, Joseph 73
Couchtisch 112, *112*

D
Diele und Flur
    Beleuchtung 58
    Fußboden *47*, 49
DVD-Player 42

E
Elektrizität
    erneuern 58
    Sicherheit 61
    Steckdosen 58, 117
Essplatz 101–104, *101*, *103*

F
Fahrradleuchte *61*
Farbe
    abbeizen 17, 26, 27, *27*, 31
    gestrichene Fußböden 46
Farben
    Sammlungen anordnen 68, *75*
    Textilien 81
    Wohnzimmer *112*
Fenster als Schrankfronten 96
Fensterbank, Dekorationen auf 73
Fensterläden *94*
Fernseher 42
Filme, Aufbewahrung 38
Fliesen
    Badezimmer 121, *121*
    Fußboden *46*, 49, *52*
Fußboden 45–49
    Badezimmer 46, 122, *124–125*
    Fliesen *46*, 49, *52*
    Küche 49
    Naturstein *47*, 49, *52*, *53*
    Texturen 21, 49–53
Fußleisten 21, 49

G
Geräte, Küche 96–97
Gerüstbohlen
    Kinderbett *144–145*
    Kopfende, Bett *132*
    Raumteiler 29
    Regalbretter 38
    Schrank 98, *104–105*
    Tisch *104*
    Treppe *24*
Geschirrtücher 85
Gitterbett *144–145*
Glühlampen, nackte *24*, 58, *104*

H
Haken *35*, 38, *75*, *96*
Handtücher *37*, 129
Heizkörper 129, *138*
Hocker 31, *104*, 112
Holz
    abbeizen *26*, 27, *27*
    Betten 132–133, *134–137*, *140–141*
    Bücherregale 38, *38*, *39*
    lackieren, klar 27
    sandstrahlen 27, *29*
    Täfelung *20*, 21–27, *24*, *28*, *91*, 121–122
    Textur 21–27
    Treibholz *59*, 61, *132*
    siehe auch Bodendielen, Gerüstbohlen
Holzkisten
    Kinderzimmer *146*, 147
    Nachttisch 137
    Regal *111*, 116
    Sammlungen präsentieren 37, *68*, *73*
    Weinkisten 37, *42*
Holzofen 97
Holzwurm 46

I
Industrie-Aufbewahrungsmöbel 36–37, *37*
Industrie-Leuchten *49*, 59, 61, *61*, *100*, *101*, 117, *133*, *138*

K
Kabel (Leuchten) 58
Kalkfarbe 53, *53*
Kamin
    Dekorationen präsentieren *73*
    Holz-Einfassungen *16*, *17*, 27, *112*
    Texturen *50*, 53
Kästen 34
    Kinderzimmer *145*, 146
    Farbe entfernen 31
    in Arbeitszimmer 150
    Archivboxen *21*, *42*, 116
Kelims 85, *85*
Kerzen 117
Kerzenhalter 65
Kinderbetten *136–137*
Kinderzimmer 142–147
Kissen *76*, 77, *78–81*, *78*, 111–112, *113*
Klammern für Vorhänge *81*, 85
Kleiderbügel 141
Kleiderschrank 38–42, *91*, *92*, 141
Kleidung
    präsentieren *75*
    Stauraum 42, 137–141
Koffer 42, *43*, 146
Kommode 31, 146
Kontraste 17, 21, 46, 49–53
Kopfteil, Bett *132*, *139*, 141
Körbe 34, 92, 112, 150
Kronleuchter *24*, 62, *65*, *91*
Küche 88–105
    Arbeitsflächen 91–92, *94*, *100*, *102*
    Beleuchtung *90*, *91*, *92*, *104*
    Dekorationen *102*
    Fußboden 49
    Regale 96, *96*, *102*
    Schränke 38–42, *91*, *92*, *94*, 96, *98*, *104–105*
    Stauraum 37, 38, *42*, 91–96

Stühle *90, 92, 98, 101*, 104
Tische *90, 91, 92, 98, 99*, 103–104

L
Lack 27
Ladeneinrichtung *20*, 34, 38
Leuchtenfüße 31
Lampenschirme 61, *65*
Läufer, Treppe *85*
Leitern *97, 123*, 129
Leuchter 65
Lichtschalter, alte *62*, 65

M
Matratzen 132, 145
Mauselöcher reparieren 46
Medizinschränkchen 34, 38, 42, 73, 129
Messer, Aufbewahrung 97
Mies van der Rohe, Ludwig 84
Mobiles *137*, 146
Möbel
  abbeizen 27
  Textur 27–31
  siehe auch einzelne Möbeltypen

N
Nassraum *128*, 129
Natursteinplatten *47*, 49
Nessel-Überzüge für Sofas 81

O
Obstkisten 37, 137

P
Paletten *38*, 94, *95*, 96
Patchwork 77, *82, 85, 85*, 137
Patina 17
Pfostenbett 133, *134–135*
Politur, Bienenwachs 49
Polstermöbel *79*, 81–85, 108–111, *108, 109*
Porzellan-Ausguss *92*, 97, 129
Präsentation 66–75
  Fensterbank 73
  gruppieren 68, *75*
  Kaminsims *73*
  Küche *102*
  Obstkisten 37, *68*, 73
  Regale 68

Wohnzimmer 116
Profilbretter, Täfelung 122
Puppenhaus *145*

R
Rahmen *21, 24, 25*, 31, 129
Raumteiler *29*, 141
Regale
  Bett *132*
  Bücher 38, *38, 39, 111*, 116, *145*
  Dekorationen *68*
  Industrie-Regale 37
  Kinderzimmer 145, *146*
  Küche 96, *96, 102*
  tote Winkel 35
  Wohnzimmer *116*
Rollwagen *36, 37, 37*, 96, 116, 129
Ruheliege 111

S
Sammlungen präsentieren 66–75
sandstrahlen, Holz 27, *29*
Schalter, Beleuchtung *62*, 65
Scherengelenk-Leuchten 61, *61*, 104, 153
Schilder, Reklame 21
Schlafzimmer 130–141
  Beleuchtung *58, 59, 133*, 137, *138, 139*
  Stauraum 42, 137–141
  Texturen 132
Schränke
  Aktenschränke 150
  Badezimmer *126, 127*
  Kinderzimmer *146*, 147
  Küche 38–42, 91, *92, 94*, 96, 98, *104–105*
  Ladeneinrichtung *20*
  Medizinschränke 34, 38, 42, 73, 129
  Texturen 21, 49
Schreibtische 150–153, *150, 152, 153*
Schubladen 31, 38, 150
Schuhe, Aufbewahrung *36*, 37
Sitzbänke *115*
Sofas 81–85, 108–112, *108–115*
Speisekammer und Vorratsschrank 38, 91, *91, 92*
Spiegel *21*, 31, *99, 121*, 129, *129*

Spielsachen 146, *146, 147*
Spinde 38, *42*, 96, *96, 97*
Spülen *92*, 97, *121*, 129
Staffelei *144*
Stauraum 33–43
  Kinderzimmer *145*, 146
  Küche 37, 38, *42*, 91–96
  Schlafzimmer 42, 137–141
  Wohnzimmer 116
Stehleuchten 62, *64*, 117
Stein
  Arbeitsflächen 94
  Fußboden *47*, 49, *52*, 53
Stereoanlage 42
Stoffe *siehe* Textilien
Stofftiere 146
Stühle und Sessel
  Arbeitszimmer *151, 152, 153, 153*
  Kinderzimmer *146*
  Kontraste *25*, 48
  Küche *90, 92, 98, 101*, 104
  Wohnzimmer 111, *116–117*

T
Tablett 150, 153
Täfelung *20*, 21–27, *24, 28, 91*, 121–122
Tagesdecken 77, *82, 83*, 85, 137
Teller-Regal *38, 94, 95*, 96
Teppiche und Läufer 85, *145*
Textilien 76–85
  Kissen 76, *77, 78–81, 78*, 111–112, *113*
  Polstermöbel *79*, 81–85, 108–111, *108, 109*
  Tagesdecken 77, *82, 83*, 85, 137
  Vorhänge *78, 80, 81*, 85
Texturen 15–31
  Badezimmer 121–122
  glatte Oberflächen *28*, 31
  Holz 21–27
  Kontraste 49–53
  Kunstobjekte 31
  Möbel 27–31
  Schlafzimmer 132
Tischdecken 83, 85
Tische
  Arbeitszimmer *150, 151*, 153
  Arts-and-Crafts-Bewegung *25*
  Böcke und Platte *43*
  Küche *90, 91, 92, 98, 99*, 103–104

Leuchten über 58, *60, 63*, 104
Nachttische 137
Wohnzimmer *108, 112*, 112
Toilettenpapierhalter *120*, 122
tote Winkel 35
Treibholz *59*, 61, *132*
Treppen *24*
Treppenläufer 85
Tresen, Ladenausstattung 38, 91–92, *93*
Truhen 31, 34, 42, 112, *112*
Türen abbeizen *26, 27*, 27

U
Unordnung 34

V
Verputz, nackter 17, *48*
Vorhänge *78, 80, 81*, 85

W
Wände 45, 49–55
  Badzimmer 121
  Kalkfarbe 53, *53*
  Täfelung *20*, 21–27, *24, 28, 91*, 121–122
  Texturen 21, 49–53
Wandtafel *144*, 146, *147*
Wannenablage *122–123*, 129
Waschbecken 129
Wasserhähne *92*, 97–101, *121*, 22–125, *122*, 129
Weinkisten 37, *42*
Werkbank 92, *125*
Wohnzimmer 106–117
  Beleuchtung 117
  Dekorationen 116
  Farben *112*
  Sofas 81–85, 108–112, *108–15*
  Stauraum 116, *116*
  Stühle und Sessel 111, *116–117*
  Tische *108, 112*, 112
Wolldecken *81*, 85, *85*, 137, 145

Z
Zahnbürstenhalter *125*
Zeichnungen 31, *31*
Zierleisten *48*

Dank

Die Produktion dieses Buches begann mit einem Wirbelwind: 17 Locations in 17 Tagen. Immer wieder mussten wir zu Bussen rennen oder nach Taxis winken – immer schwer beladen mit Taschen und Koffern voll von unhandlicher Fotoausrüstung. Die Menschen, die uns ihre Türen öffneten, ließen sich nicht nur in ihrem Alltag von uns stören, sondern sorgten auch für unser leibliches Wohl, wofür wir ihnen außerordentlich dankbar sind. Besonders bedanken möchten wir uns bei:

Mathilde Labrouche, Raum- und Möbeldesignern, die gern mit Fundstücken und alten architektonischen Elementen arbeitet (www.cotepierre.com).

Katrin Arens, Raum-, Möbel- und Textildesignerin, die ein Faible für alte Bohlen hat und Kinderkleidung aus »vererbten« Stücken von Erwachsenen herstellt.

Rossana Orlandi, inoffizielle Schirmherrin der Recycling-Bewegung, die in einer alten Krawattenfabrik in Mailand eine Galerie mit Café betreibt.

Roger Capps von Capps & Capps, einer Firma, die historische Gebäude restauriert.

Lisa Whatmough, Möbeldesignerin bei Squint und Königin der Einwickelkunst.

Liz Connell, Bildhauerin und Druck-Designerin.

Martin Nannestad Jørgensen, außergewöhnlicher Weber und gelegentlich Dozent.

Sune Jehrbo, Raum- und Möbeldesignerin (www.eleanorhome.com).

Wir danken auch all denen, die uns Einblicke in ihre »Recycling-Häuser« gewährten: Joel Bernstein, Lucille und Rick Lewin, Cecilia Proserpio sowie Carole und Dominique de Laâge.

Vielen Dank an Alison und Paul, Emily, Clare (für ihre Geduld mit uns) und an alle anderen Mitarbeiter im Verlag.

Herzlichen Dank an Debi Treloar, eine großartige Fotografin, mit der die Arbeit viel Spaß gemacht hat, und an ihre Assistentin Kiara, die uns vor allem als Fahrerin und Übersetzerin auf der Italien-Strecke unserer Fototour eine große Hilfe war.

Dankeschön an Charlotte Farmer und ihre geschickte Feder – sowohl bei den Illustrationen als auch beim Text – und an Gary für sein Talent als Tischler.

Zum Schluss ein großer Dank an Ben und Lucy (unsere Kinder), an Lorna Sproston und das Team von Bailey's, das den Laden in Schwung hielt, während wir mit dem Buch beschäftigt waren.